本书为株洲市教育科学"十四五"规划2023年度课题"'双名'工作室引领区域青年教师专业成长实践探索"（课题批准号：ZJGH23-106）的结题成果。

绽放芙蓉

班主任的教育实例

陈建林——主编

湖南师范大学出版社

· 长沙 ·

图书在版编目（CIP）数据

绽放芙蓉：班主任的教育实例/陈建林主编. --长沙：湖南师范大学出版社, 2025.6. -- ISBN 978 - 7 - 5648 - 5830 - 8

Ⅰ. G451.6

中国国家版本馆 CIP 数据核字第 20251KC768 号

绽放芙蓉：班主任的教育实例
Zhanfang Furong：Banzhuren de Jiaoyu Shili

陈建林　主编

◇出　版　人：吴真文
◇组稿编辑：李　阳
◇责任编辑：李永芳　李　阳
◇责任校对：谢兰梅
◇出版发行：湖南师范大学出版社
　　　　　　地址/长沙市岳麓区　邮编/410081
　　　　　　电话/0731-88873071　0731-88873070
　　　　　　网址/https：//press. hunnu. edu. cn
◇经销：新华书店
◇印刷：长沙市宏发印刷有限公司
◇开本：710 mm×1000 mm　1/16
◇印张：11
◇字数：200 千字
◇版次：2025 年 6 月第 1 版
◇印次：2025 年 6 月第 1 次印刷
◇书号：ISBN 978 - 7 - 5648 - 5830 - 8
◇定价：68.00 元

凡购本书，如有缺页、倒页、脱页，由本社发行部调换。

投稿热线：0731-88872256　微信：ly13975805626　QQ：1349748847

序

　　这散发着油墨清香的《绽放芙蓉：班主任的教育实例》凝聚了茶陵县芙蓉学校班主任们在班级管理工作中大胆探索、辛勤实践、潜心研究的智慧心血，方法可鉴，效果可赞，精神可嘉。这是芙蓉学校教育教学的又一新成果，也充分展现了芙蓉人求真务实、不断求索、奋进创新的感人风采。

　　这部班主任工作案例分为师生共融卷、生活引领卷与心灵启迪卷三辑，一共收录了28篇优秀案例。在这些案例中，有的班主任致力于追寻和创造教育的诗意；有的班主任用心用情用爱做学生的避风港和引路人；有的班主任亲切、温和、关爱、鼓励，润物无声；有的班主任以平等、友善、尊重、信任的姿态，化爱为有形；有的班主任与学生共情、倾情、惜情，春风化雨；有的班主任与学生相知、相惜，以爱唤爱。

　　优秀的班主任，一定是有情怀、有爱心、有责任的人。是他们，为那些迷惘的学子，打开了一扇又一扇五彩斑斓的大门：你听，在办公室，在深夜，时时回荡着他们语重心长的话语；你看，在走廊上，在操场边，常常闪现着他们奔波的身影。披着星星出，载着月亮归，是他们真实生活的写照。从这些案例中，我看到了班主任工作上的"苦"。从学业进步到身心健康，从安全提醒到情感疏导，从校园管理到假期行踪，他们事无巨细，面面俱到，责任压头，身心劳苦。我看到了班主任工作中的"实"。因为有忠实的事业情怀，才会勇于面对现实，因材施教，呵护孩子健康快乐成长。我看到了班主任襟怀里的"度"。他们怀着对学生谦让的气度，对工作激情满怀、追求卓越，积极主动下沉到家庭和社会，走进学生和家长心灵的深处。

这些案例与实践不仅展现了芙蓉学校班主任的专业素养和教育智慧，也为青年教师提供了宝贵的经验和启示，值得广大班主任或即将承担班主任工作的老师们仔细研读和学习。在未来的教育工作中，我期待更多的芙蓉人能够发挥他们的专业优势，让每一朵芙蓉花幸福绽放。

是为序。

陈建林
2024 年 10 月于茶陵县芙蓉学校

目录

第三辑 　心灵启迪卷

第一辑

师生共融卷

绊人之桩不在高，违法之事不在小
——疏导小学生"涉案"问题

古人云："没有规矩，不成方圆。"法治如日月，更似满天繁星，无处不在点亮人心；法律像一位朋友，时刻伴随你我左右；法律又似一位导师，指引你我走在正确的轨道上；法律更像一盏明灯，照亮了我们日常生活中的每一个角落……作为班主任，我们更应该向学生宣传法律知识，让新世纪的青少年学法、知法、懂法，用法。

一、案例简述

班上学生小鑫（化名）虽已读六年级，但行为习惯问题显著。他好动，走路总是蹦蹦跳跳；不听课，上课总是迷迷糊糊打瞌睡；邋遢，座位下总是垃圾满满；做事拖拉，别的同学在下楼梯了，他才从教室里慢悠悠地走出来。更让人措手不及的是他两次"涉案"，这一情况惊动了公安及学校领导。

第一次"涉案"时间是 2023 年 11 月 17 日。小鑫在回家的路上，"顺手牵羊"将别人停放在校外路边的自行车骑至离家不远的巷子里。第二次"涉案"时间是 2023 年 12 月 28 日晚上 10 点 38 分。小鑫在校外补课后步行回家的路上，竟做出"恶意划车"的行径。此事件涉及三辆车，其中一辆宝马车价值 150 多万，另外两辆车各 50 多万，此事件致使三辆车车身都受到了严重的"毁容"。经公安部门协调，小鑫的家长向三位当事人赔款九万多元。

二、案例分析

（一）个人性格

小鑫，性格喜怒无常，做事不经过大脑，容易采取极端行为。他第一次"涉案"是出于青少年的好奇心，随意骑走路边的自行车过一下瘾，玩够了，就随便将其丢在附近的巷子里。

（二）同伴关系

小鑫性格孤僻，不能与同学和睦相处。划车事发当天，小鑫和同班朋友小源因为琐事发生争执，两人在推搡中下手都很重，小源将小鑫按倒在地上，把小鑫的脖子抓了几道红红的伤痕，这使小鑫当天心情"很烦躁"。

（三）家庭环境

小鑫出生几个月后，就和奶奶生活，成了一名"留守儿童"。直到小升初时，他妈妈才从深圳回来，只为实现普天之下每个父母的共同愿望——"望子成龙，望女成凤"。妈妈要求他周一到周五晚上，甚至周末都参加各种培训，导致小鑫身心疲惫。因为不满母亲的"鸡娃"教育模式，小鑫产生了逆反心理，他选择了以划车的方式来发泄情绪。

（四）法律意识淡薄

小鑫对法律法规缺乏足够的认识和理解，更缺乏尊重和敬畏之心。他潜意识里认为，只要自己的行为没被人发现，就不会受到惩罚。他没有意识到自己的行为不仅会给他人带来伤害，也会让自己及家人承担严重的后果。

三、育人策略

正所谓，"山不过来，我就过去"。"双减"背景下，为了实践"涉案"领域的"双减"目标，我主要从以下几个方面着手：

（一）家校联手

1. 主动沟通

父母是孩子的第一任教师，家庭是孩子成长的第一课堂。所以当小鑫第一次"涉案"之后，我立即采取行动，不定期进行家访或者用电话、微信与家长保持联系。我把孩子在校的具体情况如实向家长反映，同时了解他的家庭情况、在家的表现，并给家长一些家庭教育建议。从沟通中我了解到，小鑫从小和奶奶一起生活，妈妈和爸爸在外打工赚钱，只为给弟弟求医看病。小鑫在家表现尚可，会主动分担家务，照顾弟弟。

2. 家长校访

在小鑫第二次"涉案"后，小鑫的父母觉得棍棒之下难以达到教育的最佳效果，深思熟虑之后，他们主动来到学校，想就后期的教育问题，与我一起商讨对策。我给了以下几条建议：

第一步，平等沟通。家长应蹲下来，以朋友的姿态和小鑫相处，多倾听他的心声，了解他平时在学习上有没有困惑，和同学之间相处有没有矛盾，每天有没有不开心的事情……同时，家长应与孩子共同制定学习计划、假期安排等，制造机会多和孩子进行沟通。

第二步，取消培训班。国家明确表示补课不再是违规，而是属于违法行为。"双减"背景下，要监督孩子学会自律，培养他良好的习惯，注重全面发展，讲究劳逸结合，才能事半功倍。小鑫一周七天都在学习，很容易引起他的逆反和厌学心理。

第三步，增加劳动实践。生活即教育，教育即生活。我们让小鑫参与家务劳动，如做美食、扫地、拖地、洗衣以及整理床铺等，锻炼其自理能力；而且安排他参与妈妈卖饼的社会实践，与父母一起早出晚归，体会父母赚钱的不易和生活的艰辛。

第四步，满足孩子正常需求，拒绝过分要求。当孩子表现好时，设置奖励积分，并赋予其用积分实现心愿的机会。

（二）入情入理

1. 动之以情

我单独找小鑫到办公室，并告诉他：妈妈带你不到一年时间，被你气得乳腺结节严重，满脸皱纹，还生出了些许白发。冬天妈妈做饼时，用力揉搓面团，浸刺骨的冷水，忍滚烫的热气，满手都是裂痕。为了不让你有案底，妈妈甚至借钱、刷信用卡来支付巨额赔偿。所以，你要体会妈妈无私而伟大的爱，体谅家人的不易。

2. 晓之以理

一方面，我告诉他"天网恢恢，疏而不漏"的法律观念，提醒他不要抱侥幸心理，要提高认知，抵制诱惑。盗窃单车可能构成盗窃罪，故意划伤他人车辆则触犯了"故意毁坏财物罪"。另一方面，我鼓励他进行角色转换，换位思考，让他设身处地地想象失主、被"毁容"车的车主的感受。

（三）睿智关怀

1. "激励专座"，及时表扬

为了鼓励小鑫，我特意安排他坐在小组的第一个位置，每当他积极举手，我必点他回答。每当他认真听讲，我必表扬以及时鼓励他。

2. 师徒结对，同伴感化

以学习师徒结对为契机，通过同伴感化来影响他。我安排"师父"小平督促他按时完成作业，背诵课文，听写单词，掌握做题技巧。在他周围安排富有正能量的同学去感化他，和他一起玩一些益智游戏等。我利用班会，让他和同学们一起观看未成年人犯罪视频，给他们普及基本法律常识，引导他们做一个守法好公民。

3. 注重细节，给予关爱

当他感冒，我为他烧水泡药；当他饭菜不够，我为他添菜加汤；看他不高兴，我询问原因；还让他担任门窗小管家，让他主动关门关窗，促其改掉拖拉习惯，建立自信心。

四、育人成效

经过一段时间的心理辅导和行为矫正，小鑫的行为有了明显的改善。

（一）行为改善

行为方面，小鑫不再偷窃单车或划伤轿车，积极参与学校的各项活动。学习方面，他认真听课，认真完成老师布置的各项任务，成绩较之前有很大的进步！

（二）情感发展

小鑫变得情绪稳定，乐观开朗，其专注力有所提高。他与家长、老师、朋友的关系也逐渐融洽。他还主动帮我拿班牌，主动关心老师身体，帮我送遗忘在教室的小蜜蜂，经常送小零食给我吃。每到周末，他也会帮父母出摊，体会父母赚钱的艰辛。

五、反思总结

高尔基说："谁爱孩子，孩子爱谁。只有爱孩子的人才会教育孩子。"作为班主任，我们要全身心爱着孩子，给骄傲自满的学生警钟，让他脚踏实地；给浑浑噩噩的学生指路，让他目标明确；给犯过错误的学生机会，让他改过自新。更要让学生懂得——绊人之桩不在高，违法之事不在小。总之，唯愿法治精神如馨香的花朵，悄然绽放于每一个孩子的心中！

案例叙述人

　　郭会玲，茶陵县芙蓉学校六年级班主任，英语老师，中小学二级教师。工作10余年来，获得"优秀教师""先进工作者"等称号，撰写的论文在省、市级获奖。

班主任应对突发状况的应急处置及应对方式

在一个班级中，突发事件是难以避免的，而如何处理这些突发事件，不仅关系到班级的稳定发展，也反映了班主任的管理能力和艺术。处理突发事件既需要能力，又要凭借经验，这是班主任教育智慧的基本体现。在陈建林初中校长工作室的指导下，我加强了对班级管理的研究，提升了处理突发事件的能力。

陶行知先生说："教育的乐趣就在于'愚蒙者，我得而智慧之；幼小者，我得而长大之；目视后进骎骎日上，皆我所造就者'。"教育是与人打交道的。作为一名教育者，需要专业知识，更需要智慧加持。作为教育者，如何智慧地应对学生的突发事件，是我们需要思考的问题。

一、案例简述

2023 年 9 月的某一天，我在班上要上一节"艺体空间"课，本堂课设计的游戏叫"贪吃蛇"。游戏开始后，孩子们欢呼雀跃，一个接一个地成了这条"贪吃蛇"的"蛇身"，教室前坪充满了欢声笑语。突然，在旁边维持纪律的我看到了小然（化名）同学摔倒在地没有起来。顿时班上孩子乱成一团，我连忙跑过去，安排班干部将看热闹的孩子有序带回班级管理。接下来我让小然自己起来，检查他的伤势，发现他的左手已经痛到不能正常活动。

二、案例分析

当突发状况来临，班主任应首先让自己平静下来，理性介入，善于借助多方力量，才有可能解决好问题。

（一）及时处理伤情

如果伤情不是很严重，那么我们班主任只需要做简单的消毒。如果有出血症状的，可以先进行简单的消毒包扎，在等待家长来接的过程中，把血渍尽可能地处理干净，避免家长被吓到。有时候一个小小的伤口，会出很多血，场面会有点吓人。若是孩子摔跤在地上痛苦挣扎，不要马上去扶他起来，要在旁边安抚他的情绪，慢慢让他自己起来，以免对他造成二次伤害。

（二）及时了解清楚情况

一定要在第一时间了解清楚是小朋友自己伤到还是被他人伤到，这个会决定你后面联系一方家长还是两方家长。低年级的孩子发生的事可能很快就会忘记，如果不能获取准确的信息，除了受伤孩子的叙述，还应问问班级内见到这个事的其他人，这时候一定要录音或者录视频，避免跟家长说不清造成被动局面。

（三）及时和家长取得联系

如果孩子轻微受伤，可以简单处理后让他回教室上课，等课后打电话告知家长；如果受伤学生需要回家休养或就医，可以在履行请假手续后，交付家长；如果孩子情况严重又联系不上家长，那么我们可以请求上级帮助，陪同就医。注意要让家长决定去哪家医院，我们只要引导他去正规的医院即可，千万别擅自做决定；如果涉及两个小朋友，则双方家长都需要在场，免得后面因为各种赔偿问题双方争辩不休。这里要注意就医的孩子我们要及时给他报保险，一是学生买的学平险（24 小时以内），二是校方责任险。

（四）及时上报学校

老师要把事情如实上报学校，并在需要时主动请求上级领导的帮助。

三、育人策略

应对突发事件时，需要遵循一系列原则。这些原则是班级工作实践经验的总结，也反映了处理突发事件时调整与把握基本矛盾关系的规律。班主任只有准确理解并掌握整个原则体系，才能在处理突发事件中游刃有余，从而有效地开展班级工作。

（一）教育性原则

在教育领域，有一些重要的原则需要我们遵循。首先，教育应该是全面的，不仅仅是传授知识，还应该培养学生的综合能力。其次，教育应该是个性化的，因为每个学生都有自己的特点和需求。再者，教育应该是启发性的，要激发学生的学习兴趣和创造力。最后，教育应该是持续的，学生在整个学习过程中应不断地成长和发展。

处理突发事件的首要原则在于班主任必须秉持教育为本的心态，要本着教育严格、处理宽松的原则，教育全班学生，既不能刻板对待，也不能草率行事。班主任要公平、公正地对待学生，用科学的态度深入了解调查，从动机分析到全面评估，达到惩前毖后的目的。

（二）目的性原则

处理突发事件时目的要明确，不能只看表面，也不能夸大其事。班主任要让学生明确教育帮助的目的，从根本上治愈学生心灵的创伤。班主任在处理问题时要坚持客观性原则，避免受主观影响导致不公，影响学生的成长和发展。

（三）个性化原则

在制定计划时，要根据不同的情况和需求来制定具体的方案，不能一刀切。要根据具体情况具体分析，因人而异。班主任在处理问题时，应该先搞清楚问题的性质，然后针对不同问题采取不同的解决方法，不能一概而论。要注意不同问题的层次和不同学生个体之间的差异。解决问题要有针对性，既不能一刀切，也不能随意处理。教育如果过于宽泛或缺乏针对性，就会变得毫无意义。

（四）激励性原则

学生接受教育并非被动的，而应该是主观积极的。处理突发事件尤为关键的一点是要随时引导学生树立起自主纠错的意识。班主任在解决问题时不应急于下结论，而应该保留一定的空间，以激发学生接受教育的内在动力。老师要让学生充分认识到自己错误的性质和危害，引导他们依靠自身的积极因素来克服消极因素。

（五）有效性原则

教育的关键在于"育"，在处理问题时，教师要注意采取的方法不能简单粗暴，也不能主观武断，更不能繁琐而无实际意义。处理或教育的重点在于效果，采取灵活有效的方式，通常能事半功倍。

（六）一致性原则

一致性原则要求班主任在处理突发事件时，必须考虑学校、家庭、社会环境等各方面的因素。各种因素的力量要协调一致，相互配合。对学生进行连续一致性教育，才能取得良好效果。

（七）可接受原则

处理突发事件时不能忽视的一点是双方对处理意见或结果是否能够心甘情愿地接受，不能将其强加于人。处理只是形式，要让受教育的对象从内心深处接受，认识错误，然后改正。

（八）因材施教原则

受教育对象在各个方面的情况和素质是不同的。在遵循学生身心健康发展规律的前提下，使每个学生都得到全面的发展，是我国教育的基本要求。因此，班主任在处理突发事件时要考虑到学生的个性特点和差异，因材施教，因人而异。

四、如遇"麻烦"家长，有三个沟通小妙计

（一）与家长沟通，真诚就是"制胜法宝"

无论孩子是因何原因受伤，我们都要主动告知家长，心平气和地用商量、征询的语气向家长解释，主动协调，共同去解决问题。与家长沟通的时候要轻声慢语，让家长感受到安定与舒适。当然，面对无助的家长，我们可以提供温暖的帮助；面对强势的家长，也要不卑不亢，勇敢表达自己的立场。

（二）牵扯两方家长，"引导犯错孩子认错策略"是首选

若是 A 同学将 B 同学弄伤，可以让 A 同学与 B 同学当面说明事实原委，以了解真实情况。在通知 B 同学家长的时候，应让 A 同学打电话或者当着 B 同学及家长的面诚挚道歉，这样 B 同学的家长心里会好受，之后我们再向 B 同学家长表示感谢，态度友好，并夸奖 B 同学家长善解人意，这样后续处理问题会简单很多。

（三）对待受伤孩子，采取"持续关怀策略"至关重要

始终用心对待孩子，这不仅是老师的基本素养，也是保护自己的方法。在治疗过程中，老师可以发信息、打电话关心，或是买点水果去看望孩子。我们班小然去医院治疗，费用总计将近 6000 元，但是家长从来没有找过我的麻烦。我想这可能是我对待这个孩子一直葆有怜爱之心。做完手术后，我买了一些甜食与水果给孩子吃，还连续三个晚上下了班之后去照顾他，孩子母亲回家拿住院衣物时我还给孩子接尿壶倒尿壶。家长看到我对待孩子如亲生孩子般照顾，语气中从不显责怪，更多的是感谢。

五、育人成效

历经几个月，"小然事件"已尘埃落定。但此事一直警醒着我。现在我更加重视班级安全教育。我经常通过班会、案例讲解、学生模拟情景等方式去提醒孩子注意安全。课间，我还专门安排两位值日班长去管理监督。我们班的孩子也渐渐懂得了安全第一，遇到安全事故不慌乱，管好自己不添乱的道理。

总而言之，处理突发事件的策略是多种多样的，客观世界变化无常。作为一位班主任教师，对于突发事件的处理需具体问题具体

分析，综合运用多种方法，切忌机械套用。突发事件的处理，重点在于加强学生思想教育工作，制定各类预案，做好早期预防、早期发现和早期处理等工作。

案例叙述人

尹红艳，语文教师，芙蓉学校二年级班主任，中小学二级教师。2021年荣获衡阳市常宁市"优秀教师"称号，2023年荣获茶陵县"优秀教育工作者"称号。

建立自信，开出友善之花
——轻轻走近你，慢慢理解你

在每个教师的教学生涯中，几乎都会遇到几个"问题学生"。但我并不把他们称作"问题学生"，反而喜欢称他们为"有个性的孩子"。在我看来，无论是学习成绩不稳定，还是调皮捣蛋、态度不端正，这些都不是核心难题，而只是他们内心一种个性的表达。作为教师的我们，并不能依据学生的学习成绩优劣和行为习惯好坏来评价孩子，而应该走进孩子的内心，从"心"出发去引导、发掘、帮助他们。

一、案例简述

君君，男孩，12 岁，身高矮于同龄人一大截，为此较为自卑。他爱玩、爱闹，尤其爱顶嘴。到了小学高年级，他开始沉迷于手机游戏，不愿看书写作业，作业经常完成得很潦草，有时甚至直接作业不写。近期，风靡全国的"烟卡"游戏，也成了君君的最爱，他对此痴迷不已，花费大量压岁钱去购买香烟。在好奇心驱使下，他开始尝试抽烟。在与同伴交往中，君君也是屡起冲突，甚至为了得到一张"稀有烟卡"铤而走险，去打架、去抢！

二、案例分析

结合君君的情况，我进行了细致的分析，认为主要原因有以下几点：

（一）主观原因

君君自主意识极强，渴望得到老师家长的尊重与理解，但是自控力又极差，老是犯同样的错误，思维活跃的他总是用违反班级班规等方式来引起老师和同学的注意，他试图掩饰内心的自卑感，认为这种被老师和同学们"注视"的感觉很好。他觉得抽烟很酷，打架很帅，用这些"特立独行"来标榜自己。

（二）客观原因

家长工作比较忙，对君君疏于管教，爷爷奶奶只能提供生活上的照顾。君君从小就与手机为伴，放学后便沉迷于玩手机游戏。家长在初期没有加以控制，现在即使管教也只是偶尔凶一顿，并没有任何实质性的效果。时间一长，君君就形成了逆反心理，只要不顺着他的意思，他就对谁都有抵触情绪。又因父母长期在外工作，觉得亏欠于他，在物质金钱上是有求必应。这种金钱上的自由，加上精神上的空虚寂寞，使君君沉迷集体游戏"烟卡"无法自拔。

三、育人策略

针对君君这样的学生，我始终相信他"性本善"，他并非无药可救，只是缺乏有效的教育措施。于是，我苦苦分析思索，最终制定了以下的教育策略。

（一）近一点，去理解去尊重

我认为，要想改变学生，必须先去理解学生，相信学生。于是，我不再排斥他的抬杠和顶嘴行为，而是去分析和理解他的行为，深入探究其背后的原因。我始终相信，一个孩子现在的表现是过去多年的学校、家庭、社会等合力影响的结果。所以，有时我们去看一个孩子的表现，可能会觉得莫名其妙、不可理喻、不可思议，认为这孩子怎么会这样呢？但是，如果把他放到他所处的家庭背景、教育环境、成长经历中去考量，一切都可以得到合理的解释。所以，只有找到了学生行为异常的原因，才能对症下药。

针对君君的现象，我首先做到尊重他的人格，保护他的自尊心。比如，当他在课堂上不顾课堂纪律，蹲在地上打"烟卡"时，我不去立即制止，而是先让"子弹飞一会"，当全班同学安静下来看着他时，他有点不好意思，便会收起"烟卡"去听课。课后，我也一改往常的训斥，和他聊一聊打"烟卡"的技巧，看着他眉飞色舞地讲述着打"烟卡"的操作特点，脸上满是自信。通过交流，我和君君之间的关系拉近了。我还召开班会，针对"烟卡"游戏，分析这个游戏流行的成因，引导孩子们认识"烟卡"游戏背后的目的是培养"小烟民"，顺势引出香烟的危害。这堂班会课，君君听得特别认真，课后，还和我保证，以后不抽烟，不打"烟卡"。我深知，强禁不如疏通、引导、代替。为杜绝"烟卡"游戏的风靡，我让君君当众销毁他的所有"烟卡"，其他孩子也纷纷效仿，将"烟卡"上交。我还建议孩子们课间玩象棋、五子棋和跳棋等各种有益游戏，或者将"烟卡"换成普通纸板，从而解除了"烟卡"卷土重来的危机。

（二）严一点，去规定去限制

俗话说，没有规矩不成方圆。在学生的教育中，只有对学生进行规则意识的培养，才能让他们懂得行为规范的重要，我和君君一起制定一个行为规范表，规范表内包括学习期间不能玩手机，认真完成作业，上课不打"烟卡"遵守课堂纪律，认真完成学习任务等条款，完成这些条款可以获得一定的积分奖励，积分可以兑换小小的心愿。一开始，君君兴致勃勃地一个劲表现，积极用积分换礼物，营造了良好的"争分"氛围。在这样因势利导下，他感受到老师的重视和信任。当发现他有懈怠情绪或行为时，我立即关注，及时引导，让他变消极状态为主动积极状态。

（三）多一点，去培养去激发

我始终相信，教育就像培养植物，我们的目的不是让每一株植物都开花，而是让每一株植物都能够按照自己的特性生长，长成最独特的一道风景。经过观察后，我决定激发君君的特长。

在班级展开教育活动时，我始终强调利益一致性原则，即学生和老师的最终利益是一致的，而不是对立的。然后我会尽可能地创造机会让学生得到表扬和肯定。比如君君，我发现他在班级上比较受欢迎，很多男孩子都愿意和他一起玩，所以我利用他的这种"号召力"让他担任生活委员，负责班上的牛奶领发工作。在他的安排下，班上男生的积极性和集体荣誉感都有了明显的提高，他在这种协调下，也得到了很多的关注和鼓励。

针对君君在学校的表现，我特意去了他家进行了家访。为建立信任，我让他在旁边听，当着家长的面表扬他，并且提出了合理的建议：控制金钱的过度满足，控制手机的使用频率，对积分换取的合理"小心愿"要用心满足。我希望家长也能与老师携手合作，帮助孩子获得更大的进步。家长听到了孩子的进步，更加乐于配合老师。孩子听到了老师的表扬，也增加了自信。

四、育人成效

（一）违规频率降低

君君逐步将心思放在学习上，他逐渐学会了用合适的方式来表现自己。

（二）同伴交往融洽

这一学期，君君和其他同学的相处也变得十分融洽，他发现了其他同学的优点，并通过展现自己的优点得到了同学们的更多关注。

（三）学习状态良好

君君的字迹端正了许多，作业的质量也是稳步提高，他愿意认真听课，不懂的还会主动寻求老师和同学们的帮助。

五、案例反思

（一）教育要眼里有孩子

新教育实验的发起人朱永新提出，教育首先必须从关注孩子开始，让孩子站在舞台中央，得到关注并建立自信。让孩子不仅要在家里、学校里、社会中占据中心位置，也要孩子在这些环境中寻找自己的成长之路。很多时候，孩子出现问题不仅仅是这个孩子的问题，而是社会、学校、家庭共同造成的。因此在教育过程中，我们应该走近孩子，了解孩子，将自身置于这种环境中，寻找问题所在，了解孩子所思所想，所需所急，才能以此为基础进行有针对性的教育，激发他们的内心向上的积极性。

（二）正面关注提升自信，家校共育形成合力

孩子自身内部拥有成长的资源，我们要善待每一个"有个性的孩子"，让孩子的内心萌生出向阳的自信，让舞台的中央成为他们发现自己能量的场所，建立起内在的自信，教育者需要联合各方面力量，共同搭建这样的舞台，通过关注、倾听、鼓舞、帮助，静待花开。

教育就是一棵树摇动另一棵树，一朵云推动另一朵云，这个世界上没有真正的"问题学生"，只要我们静心引导，用爱浇灌他，用温暖去唤醒他，就能促进他获得良好的成长。

案例叙述人

郭小美，茶陵县芙蓉学校六年级班主任、语文老师，中小学二级教师。工作以来，多次获得"优秀班主任""优秀教师"等称号。

"暴脾气"学生管理策略探讨

　　班级学生性格各异，每个班都可能存在"暴脾气"的学生，这种暴力的风气如果不及时制止，那学生就会感到自己的安全无法得到保障，不仅纪律受到影响，整个班风也可能被这样的学生带偏了。本期，在陈建林初中校长工作室引领下，我对学生管理进行深入探索，并乐于分享我的一些心得，以供我们共同探讨。

一、案例简述

　　班上有个"炸药桶"性格的男生，名叫小希，身高快1米7，体重130多斤。他脾气暴躁，一点就着，有时某个同学不小心撞了下他，他立马就能冲上去跟人打一架。记得有一次我上数学课，他没认真听课，躲在座位下面玩玩具。他旁边有个女生就举报他在玩玩具。然后我就把玩具收了（在我们班有个规矩：上课玩玩具的，直接没收，但期末考完我一定会还给他）。下课之后，我刚回到办公室，就有学生过来喊我，说小希要打这个女生。我马上赶去教室，看到有三个学生在使劲拉着小希，但都快拉不住了，毕竟他130多斤重。看来这"炸药桶"是真的又要炸了，只见他两眼通红，一边挣扎一边哭，还大声吼着脏话，喊了好几遍。我立即大声叫他冷静，同时让那个女生先出教室。但他一看那女生要走了，情绪更加激动了，使劲挣开后挥着拳头就冲过来了。没办法了，我只能冲上去抱住他。他挣扎了几下挣不开，就直哭。十几秒后，我看着他眼里的怒火慢慢熄灭了些，情绪慢慢稳定了些，才拉着他带到办公室进行教育。

二、案例分析

我与小希的家长沟通过多次，了解到他在家里也是这样的一种性格，特别容易生气，常与人起冲突。他爸爸还给我举了个例子，过年的时候去亲戚家拜年，因为跟亲戚家的哥哥争吵，结果大打出手，把那个哥哥都打伤了，搞得亲戚都不欢迎他们家去做客了。平时小希在班上也是经常和同学发生冲突，一言不合就打架，而且总是觉得错的是别人，自己没有错。像他这种总是把责任、过错推给别人，然后特别冲动易怒的性子，确实令人担忧他的成长与发展了。

三、育人策略

（一）制定"劝架"的班规

我们班有个班规：当班上出现打架事件，周围的同学绝对不能起哄，只能劝架和找老师。只要是起哄的人我事后会严惩。先让班级形成一种劝架的良好氛围，这样一旦学生打架，有人劝阻就能避免矛盾升级、伤势扩大。同时周围没人起哄，打架者情绪就不会变得更激动。每次事后，我都会大力表扬劝架的同学，所以他们慢慢都有这种意识了，一有人打架，一定会有同学去想办法劝架。刚好我们班有四个体型较大的学生，前面提到的"炸药桶"小希就是其中之一。我专门给他们培训过，碰到打得比较凶的情况，一定先保护好自己，可以一人抱个书包上去把打架的人隔开，并立刻派人去喊我。

（二）等他冷静再说话

上次事件中，我把小希带到办公室后，先让他坐下来，但不跟他说一句话，这时候他还在哭呢。因为脾气暴躁的人情绪本就很容易激动，他现在还没冷静，如果这时候你给他痛骂一顿或是教育一顿，他大概率是听不进去的。所以我就在他旁边改作业做自己的事，偶尔给他递张纸擦眼泪。等到他真的平静下来了后，我再温和地问他："现在好点了吗？"他点了点头。我再问："你还要去打那个女生吗？"他马上摇头，还略带一点不好意思。这时候我知道，可以开始跟他谈心了。接下来我耐心地和他沟通交流，让他自己反思错了没有，错在哪里。事实上，这个学生冷静下来后很正常，沟通没有问题。我告诉他知错就要改，并引导他男孩子要敢作敢当，要给那个女生道歉。事后，他诚恳地找那个女生说对不起，这事情算是暂时翻篇了。

（三）引导他发泄精力

我们知道，脾气暴躁爱打架的学生往往精力旺盛，当他们精力过剩的时候，就容易惹事。那我就让小希释放他的精力。我看他挺喜欢打篮球，于是我就跟他说，你平时下课可以去风雨操场打打球，提高球技。正好我们班教室就在球场旁边，他一下课就抱着球直奔球场而去。这样持续了个把月，他没在班上打架。但这个行为矫正起来没那么容易。有一次他跟人抢篮板摔了，这小子愣是跟六年级的学生打起来了，打完后还约在周末再打一架，幸好我们班学生及时将情况告诉了我，我马上联系了这个六年级学生的班主任，及时制止了他们。通过观察，我发现小希还是个"显眼包"，很喜欢出风头，所以上个学期才11月份，我就给他安排了一个元旦表演任务。我说："听说你跳舞跳得好，你喊几个同学排一个《科目三》，元旦时在班上表演。"他马上乐呵呵地就去喊人练了，每天一下课就练，那一个多月都没打一次架。平时班上要领个什么东西啊，我也常喊他去，事后再给他好好地表扬一下，让他感觉到老师是挺看重他的。总之，要多鼓励多表扬，脾气暴躁的学生很多是玻璃心，因为缺乏安全感。那么作为老师的我们就要多给他们鼓励和表扬，让他们感受到温暖和爱。比如，我就经常叫这些人去干活，如搬书、搬作业、发作业，凡是一些体力劳动都可以找他们。事后不要忘记给他们表扬，最好当众表扬他们，说他们为班集体服务，应该得到掌声。

（四）与父母沟通交流

其实这个孩子并不是留守儿童，但也跟留守儿童差不多。他爸爸常年在外打工，一年就回来一两次。妈妈是在茶陵，但是常年在工业园上班，还经常要上夜班，也是没时间管他。爷爷奶奶年纪很大，完全管不住他。所以我常跟他爸爸打电话，反馈他平时在校表现情况，告知他小孩性格暴躁易冲动。另外我还从侧面了解到，父母比较宠溺这个孩子，平时他要买什么东西就马上满足，有什么不如意也是马上就哄。爷爷奶奶更是把他捧在手心里，极少批评他。这就造成了他自私、自我的性格特征，受不了一点委屈。

我还了解到，他平时经常会使用手机、平板刷短视频，一回家就会刷抖音快手，这也对他的暴力倾向有潜移默化的影响。这体现在他的言语粗俗，动不动就骂脏话，竖中指鄙视人，无意中就引发了与同学的冲突。所以我也和他父母约定好，他玩手机的时间一定要限制，周一到周五读书期间，不能让他玩，周末限时玩一会儿。

他本人也同意了我的要求。我监督了一个多月的时间，刷短视频的现象有明显改善，减少了许多。

（五）寻求专业人员帮助

我有委婉地建议家长抽空带孩子去看看心理医生，疏导一下，因为他爸爸也跟我说他在家就是这个暴脾气，过年去亲戚家拜年还把亲戚家孩子给打了。但很明显家长没有这个意识，我也不好直接说孩子可能有心理问题。于是我联系了我们班心理老师谭婷婷老师，请她给小希做了心理访谈和疏导。谭老师通过心理访谈了解到，他是因为二年级时被某个同学欺负了一次，留下了比较严重的心理阴影，之后就经常采用打架的方式来"保护"自己。我询问了我们班同学，确实是二年级下期开始他变得特别暴躁，经常打架。谭老师还耐心教了他一些控制情绪的方式，我觉得是对他有一定帮助的，之后他也确实没有闹出之前那样的事件了。还是专业的事情要找专业的人啊！非常感谢谭老师无私付出，是她的专业指引、对症下药，为这个学生的转型再加上了一道保险。

四、育人成效

经过以上几个策略多管齐下，一个多月后，还是明显看到了小希的变化，他与人起冲突的次数变少了，也更能控制自己的情绪了，慢慢地和同学们能和睦地相处了。一个学期后，他已经没有与同学发生过激烈的冲突了，他基本能够控制自己不与人打架、红眼。当然，德育工作任重而道远，对于他的教育与关注我们还是不能松懈，要持续观察他的变化，经常与他谈心，了解他的心理动态。

最后，我想说，作为班主任，我们需要特别关注班级中这类

"炸药桶"学生，因为任何一个这样的"炸药桶"一旦炸开就是大事。我们一定要额外多花一分心思在他们身上，一是切实尽到我们的育人之责，二也是为了整个学校的平安和谐与稳定。

案例叙述人 ----------------------------------▶

　　刘志强，芙蓉学校五年级班主任、数学老师，中小学一级教师。工作 10 余年以来，多次获得"优秀班主任""优秀教师""先进工作者"等称号。

家校沟通：家校共育的"连心桥"

2022 年 9 月，我接手了三年级 2011 班。为了快速了解班集体，融入班集体，带好这个班，我必须争取家长的配合与帮助。因此，我采取了以下行动：

一、主动出击

（一）主动了解孩子

（1）认真记住孩子的名字，查看班级花名册，了解学生基本信息。

（2）了解孩子的学习状态。

（3）主动联系孩子家长，进行电话或微信家访。

（4）关注留守儿童。

在这个过程中，我遇到了许多积极配合的家长，他们为我提供了宝贵的帮助。但是也有一部分家长与老师保持距离。我想，他们可能还需要一些时间。为了能够更好地管理班集体，我就思考：谁能帮助我管理好学生？父母？没错！父母永远是孩子心灵的港湾，搞定这些爸妈，我才能打开孩子心灵的一扇窗。

（二）主动电话或微信家访

（1）了解谁在家带孩子，方便以后联系家长沟通孩子的问题。

（2）了解孩子平时在家表现。

家长反映的一定是他们重视的。大多数家长和我聊的是学习习惯，说明家长很重视学习，如果家长是批评孩子学习态度不端正，说明家长一般不会鼓励他的孩子……

（3）表扬他的孩子。

我们的夸奖会让家长感到欣慰，也会让孩子喜欢你。

（4）邀请家长存好我的电话或微信，有需要就联系我。

在了解过程中，我会做一些记录，供我后期研究。同时，我也会去拜访优秀学生家长、留守儿童家长等，让家长感受到老师对孩子的重视和关爱，以及对家长的尊重。

就像一位孩子外婆，一开始对我态度冷淡，但我尝试主动与她交流，慢慢地，她开始主动跟我分享孩子的点点滴滴。我先主动和她打招呼，再主动询问孩子的情况，接下来更深入地沟通，主动让我们的关系更加紧密。

有了沟通的桥梁，在平时的交流中，我能够与家长同频共鸣。

二、同频共鸣

（一）拉近心与心的距离

"吴老师，孩子今天的作业写到 10 点还没写完，可以明天写吗？"

这个家长是需要帮助，但我要给孩子实质性的帮助。一天不写没问题，如果经常如此，我们就需要找到原因：到底是孩子拖拉的问题，还是作业不会写的问题，还是作业确实是多的问题。每个家长都希望孩子快乐学习，希望孩子学习能够进步，所以我们要帮助他们及时发现问题，找到解决的办法。在教师与家长携手助力孩子成长的过程中，彼此的心贴得更近了。

（二）支撑心与心的力量

"老师，今天的作业比以前多，他写字慢，今天要写的作文她想不出来。以后作业能不能少布置一点？"

这位家长是在反映孩子在学习过程中遇到的困难，也是在向老师提意见。其实这样的家长是有自己判断力，并且关心孩子的家长。我们要做的就是要让家长明白，要对孩子有信心。

作为一名教师，我非常理解家长的心情，每一位家长都希望自己的孩子表现出色。因此，我们要给予孩子足够的信心，而来自家长的信任是对孩子成才路上的宝贵财富。

（三）产生心与心的共鸣

"老师，我家孩子说英语老师打他们手板，而且每天怎么这么多作业？我问了好几个孩子，都说写到 11 点了！"

这位家长表达了自己的担忧，且情绪较激动。他可能是希望老师改进教学方法，但如果处理不当，可能会让师生关系紧张。所以我选择电话回复。

通话过程：

师："星皓妈妈，关于你说的作业多的问题，你家孩子也要写这么晚吗？每天在学校第一个高质量完成作业的就是他了，回去不应该这么晚吧!"

家长:"我家孩子早就写完了,我看家长群好多人这样说,我才反映一下。"

师:"对了,你说英语老师打手板,能详细说说这件事吗?"

家长:"我儿子说他字母写得不标准。"

师:"打得有多重呢?"

家长:"他说只痛一下,应该不重。"

师:"那老师可能是轻轻地打一下以作提醒,老师给他们抠书写细节,是为了让他们写好,是为他们好啊!不过我也会提醒英语老师注意方式方法,避免给孩子造成心理负担。"

家长:"好,谢谢老师,难为你还打电话来跟我说。"

师:"没关系,你跟我说想法,我要感谢你,我们真心沟通,就能解决问题。"

通过这样的沟通,我们既能了解家长的想法,也向家长解释了老师的教学意图。所以,与家长共情,引起共鸣,在教育孩子的道路上家校同频,才能营造一个和谐的教育环境。

三、温暖回报

在家校共育的过程中,家长是教育的左腿,老师是教育的右腿;而家校沟通是实现家校共育的关键途径。我们应以主动付出为基石,协调各方,并怀揣"共情"之心,这样才能收获家长的一片温暖。也许仅仅是一个微笑、一声问候、一句感谢的话,就足以成为照亮我教育工作前路的一盏明灯。

案例叙述人

　　吴梦桃，芙蓉学校四年级班主任、数学教师，中小学二级教师。多次获得校级"优秀班主任""优秀教师""先进工作者"等称号。2020 年、2022 年参加湖南省集体备课大赛均获得三等奖。

用爱浇灌，静待花开

——帮助"问题学生"小邓的教育实践

作为一名教师，爱学生，既是义务，更是责任。苏霍姆林斯基说过，要像爱护最宝贵的财富一样爱护儿童对你的信任，教师只有关心学生、爱护学生，才能使学生感受到爱。教师对学生的爱要持之以恒。

一、案例简述

我的学生小邓是个10岁的男孩，读五年级。

家庭基本情况：一家四口人，爸爸、妈妈、姐姐、小邓。他的爸妈一起经营一家装修公司，平时很忙，基本上早出晚归，导致小邓大多数时候一个人在家。

小邓性格暴躁且易怒，在遇到问题时处事方式简单粗暴，喜欢用拳头解决问题。学习上缺乏进取心，学习习惯差。在老师和同学的眼里，他是一个"问题学生"，纪律散漫，常违反校纪校规，顶撞老师。

二、案例分析

针对小邓如此情况，作为班主任，我看在眼里，急在心里。于是，我想方设法帮助他。

正所谓"知己知彼，百战不殆"。在学校里，我密切关注他的一举一动，探寻他每次违纪的原因。有一次，他在美术课堂与老师发生正面冲突，导致美术课堂无法正常进行。当时美术老师正在整顿上课纪律，要大家不要动课桌上的美术物品，保持坐姿端正。而他因水彩笔倒了，捡了水彩笔，恰巧被在讲台上的老师瞧见坐姿不端正，于是遭到了老师的批评，随后他便在教室里大发脾气，严重影响正常教学秩序。看到此景，作为班主任的我，很揪心。

我立刻拉他到身旁让他冷静下来。我思考他这一行为的根源。其原因是多方面的，主要有：

（一）家庭环境影响

小邓小时候与爷爷奶奶在一起生活，家里是个大家族，有许多的兄弟姐妹一起居住。有个堂哥在与小邓相处时，处事方式暴力，经常打骂欺负小邓。即便现在小邓和父母一起生活，但只要小邓一犯错，其爸爸就会暴揍他一顿。小邓在这种生活环境中，耳濡目染了用暴力、辱骂处理问题的方式，导致小邓在处理问题时也变得如此暴躁。

（二）家长关爱缺失及监督不到位

近几年小邓才与父母一起生活，但是其爸爸妈妈因装修公司业务繁忙，整天忙工作，起早贪黑，几乎每天学生在家时，家长却不在家。因此家长不能有效地关注和监管学生的生活及学习状态。长此以往，孩子处理问题时的偏差行为也迟迟没得到及时纠正。此外，由于缺少家长的有效监管，小邓在网络上看不健康暴力的内容的机会增多并以模仿这类行为为乐。

与此同时，其家长教育孩子的方式一直自由随性，家长一直很听从学生自己的意愿，只要孩子觉得自由就行。因此，久而久之，孩子正确积极的学习态度从小就没有培养好，学习态度消极、懒惰，因而学生在学校无视老师的教诲，不重视课堂，没有端正的学习态度。

三、育人策略

"冰冻三尺，非一日之寒"。要彻底帮助他矫正偏差行为，也不是一朝一夕之间能解决到位的。我下定决心要打"持久战"。充分了解了他这种行为背后的原因，我在处理他的事情时才能有的放矢。正所谓"对症下药"才能"药到病除"。

（一）耐心倾听，适时引导

那天，我叫他到办公室。考虑到他的火暴脾气，我先让他自己平复心情。等他平静下来，我再耐心倾听他说自己认为受的委屈，让他发泄自己的不满。而我，一边听一边分析他每句话背后的因果关系，寻找与他交流的突破口。等他诉"苦"完，我趁热打铁，主动跟他沟通，帮他分析原因，并教他应对之策。我教他如何在课堂上正确处理与老师的矛盾，告诉他作为一名小学生，遵守课堂纪律是基本义务。每当听到老师批评时，应该要先反思自己的行为是否违反课堂纪律，而不是指责老师，要尊敬老师。假如自己行为并没有违反课堂纪律，而是老师冤枉了自己，那也不应在课堂上面红耳赤地跟老师争辩，正确处理的方式是，利用课间把当时的具体情况向老师一一说明，做到有误会主动及时沟通。听了后，他幡然醒悟，随后郑重向美术老师道歉。

（二）及时召开"小班会"

根据孩子的身心发展规律可知，孩子的行为具有反复性。我为了筑牢他的思想，同时以防其他孩子有样学样，我紧接着在班上开展了以"学会正确与老师相处"为主题的小班会，防微杜渐。

（三）用"爱心"感化，耐心静待花开

在平时的课堂上，我特别关注他的一举一动，适时抓住教育契机，放大他的优点，种下信赖的种子。自信是成功的秘籍之一。只要他认真听讲，我就真诚地表扬他："你此刻是认真的，老师很喜欢！"这样能让他重拾能学好的信心，把他的注意力重新拉回到学习这条轨道上来。课余生活中，每当他用正确的方式去处理与老师或者同学间的矛盾时，我总是及时肯定他的做法，向他投去肯定的眼神或者对他竖起大拇指，他看到后脸上洋溢着自信的笑容。就这样让他感受到用正确方式处理事情的快乐，这样正确处事的种子就在他的心里逐渐萌芽。日复一日，正确处事的方法就会在他的心里牢牢扎根，并开花结果。并且随着时间的推移，他会真切感受到我对他的关爱，信赖我成了一种习惯。

（四）取得各科任老师的帮助

我把小邓的情况一一告知各科任老师，让各科任老师与我一起来帮助他。

（五）发挥班集体的力量

在日常生活中，我鼓励其他孩子多与小邓接触，当与他发生矛盾时，我引导同学们多跟他协商沟通来解决矛盾。互相帮助，团结友爱，真诚地与他交朋友，让他增强自信心，使他觉得同学们都接纳他，喜欢他，从而感受到班集体对他的爱。

（六）家校携手

学生在校思想教育固然重要，但要小邓发生彻底的改变，家庭

教育最不可忽视。因此家校携手很重要。

家长的情绪、言行，会对孩子产生深远影响。首先，我与其家长保持紧密联系，告诉家长当孩子犯错时，恐吓、打骂的教育方式不仅对孩子的身心发展无益，还会加剧父母与孩子之间的隔阂。假设孩子长期遭受这种教育方式的影响，言行必定有父母的影子，从而形成暴躁易怒的性格。

其次，我秉持着为孩子着想的态度与家长深入沟通，并提出家长在家里应该怎样配合老师一起教育孩子的建议，确保家长与老师的教育理念高度统一，并告诉家长这件事的来龙去脉及背后原因，让家长再次尝试以积极的方式与孩子沟通，强调课堂纪律的重要性，以及正确与老师相处的重要性和方法。同时建议家长教会小邓正确表达自己的内心情感，帮助孩子释放自己的负面情绪，多抽时间陪伴孩子，多关注孩子的需求，满足孩子爱与心理上的需求。

最后，我还与家长达成共识：要改变孩子的偏差行为需要耐心和毅力，"不可救药""无法挽回"等悲观想法是对孩子不利的，是不可取的，老师和家长应保持信心和决心共同为孩子的成长而努力。

四、育人成效

现在，他有了显著的改变。课堂上，他从最初只能坚持几分钟，到现在能专注一节课，并且经常能看到他高高举起的小手。其他有类似问题的学生，也慢慢变好了。课余时间，他也能和同学们相处融洽，同学之间的关系得到了很大的改善。我在与家长平常的沟通中，也时常能听到家长对他的赞赏。

五、结语

班主任工作中经常要面对一群思想各异、性格不同的学生，处理他们各种各样的问题，老师需要一颗真正关爱学生的心。转化他们是素质教育的一个重要方面，也是教师义不容辞的责任，所以，坚定信心，科学教育，这些用"爱"浇灌的祖国花朵会开得更加绚丽，更加灿烂。

案例叙述人 --▶

欧阳碧蓉，芙蓉学校五年级班主任兼语文老师，中小学一级教师。任教以来荣获"公益先进个人""阅美教师""教学能手""优秀班主任"等荣誉称号。

"屡教屡犯"学生的管理与转化策略

淘气的学生往往活泼好动、充满好奇心和创造力。他们往往会对新鲜事物充满兴趣，但也可能因调皮捣蛋给老师和家长带来一些困扰。对于淘气并屡教屡犯的学生，更需要我们教师耐心引导和教育，帮助他们认识到自己的行为可能带来的后果，并教会他们如何更好地表达自己的想法和情感。同时，我们也要珍视他们的好奇心和创造力，鼓励他们发掘自己的潜力，成为更加优秀的人。

一、案例简述

在我所任教的班级中，有一个名叫小豪的男孩。在校园里，他喜欢搞出一些恶作剧，比如捉弄同学、扔东西、乱拿乱动他人物品等。与同学相处，他容易冲动，一言不合就会起冲突。在课堂上，他无法集中注意力，扰乱课堂秩序，故意影响他人和老师上课。这不仅影响了自己的学习，也给其他同学带来了一定的干扰，也令多数科任老师头痛不已。

二、案例分析

面对小豪的特殊情况，我进行了深入的了解和观察。我发现，小豪经常食言，多次拒绝沟通，而且父母对他的管教毫无效果，孩子天生好动，精力旺盛，无法控制自己的行为。

为了彻底了解这个看上去无法无天，"屡教屡犯"的孩子，以便有的放矢，于是我去他家进行了多次的家访，了解到他爸爸长期在外务工，妈妈一边上班一边带着他和弟弟，平常在家小豪和奶奶一言不合就开骂。他妈妈发现用说教无法约束他，就用"条子"解决，小区里经常能听到打骂和哭声。然而，依然"毫无起色"。家长在束手无策时，带他到省级医院检查，确认他患有多动症。"多动症"是一直需要用药物来抑制的。显然，在药物的作用下，小豪确实有所改善，不再"惹是生非"了，但与此同时，他的精神状态也不佳。药物可以辅助，但一定不能替代教育。因此，我决定采用一种理解、包容、引导的方式来帮助他，走进孩子的心灵世界中去观察，多想想他的难处，做他的知心朋友。

三、育人策略

（一）寻找策略和方法

我决定去和其他优秀教师请教，并在网上搜索了大量的相关资料。比如针对多动症小孩设计有趣的课堂活动，例如将学习内容融入游戏当中；有时还可以设计一些动手实践的活动，如数学动手操作、手工制作等。这些活动既可以满足孩子们的好奇心和探索欲望，又可以培养他们的实践能力和动手能力。同时，我们必须杜绝一些不恰当的管理方式，比如体罚和侮辱等简单暴力的手段，避免加重他们的叛逆情绪。应以尊重和理解为基础，找到合适的教育方式。通过收集相关资料，我深知要改变这种"屡教屡犯，屡犯屡教"学生确实是一个挑战，但并非无解。

（二）制定个性化教育策略

于是，在课堂上我尽量为小豪营造一个宽松包容、有趣轻松的学习氛围。我清楚地记得有一次上《掷一掷》这堂课时，我让学生每个人带一个骰子。在小组合作时，大家都能很规范很认真地掷骰子，并把结果写在任务单上。大部分小组结果都一致时，他们小组却展示了不一样的结果。原来，他创造出了一个掷骰子"小妙招"，通过控制手拿骰子方法和力度来决定掷的点数大小。针对他的这种"玩法"我及时给予了肯定，可想而知，这堂课的动手操作，让他自豪了半天。

当他无法集中注意力时，我会轻声提醒他，引导他重新回到课堂上。同时，我还根据小豪的表现，及时调整教学策略。有一次我在上《克和千克》的公开课时，很多学生及老师都在担心小豪会在课上不守纪律以致影响整个课堂效果时，我想，何不尝试让他来回答一些生活性的问题来提高他的积极性呢？为此，我特意利用他活跃的思维，设计了一个课堂延伸的问题，让他积极参与进来，没想到最后小豪的回答竟然让我的课堂增添了光彩。我清楚地记得，当我把一个大的布娃娃和一个小小的铁块举在手上问道："孩子们，这件事情告诉了我们什么道理？"旁边的同学都还在沉思中，他却立马高高举起了手，回答道："老师，我认为我们不能因为看到它小就觉得它轻，也不能因为看到它大就觉得它重，千万不要被表面现象给迷惑了，而应该用手去掂一掂，用秤去称一称，得用事实说话。"那一刻的他，是那样的闪耀，哪像一个平常会让人头痛的孩子呀！我深知每个人都有闪光点。当老师过多地关注一个孩子的缺点时，对这个孩子的成长是不利的。只有转换角度，用赞美的眼睛去发现孩子的优点时，孩子才能在老师的认可中找到成功的体验。

（三）加强家校合作

除了课堂上的引导，我还经常与小豪的家长沟通联系，反馈孩子的细微变化。于是我与家长电话、微信沟通从一周或三天一次，到后来的一天一次，通过沟通我了解了小豪在家庭环境中的情况，并向家长反映了他在学校中的表现。基于家校合作，我们共同为小豪制定了一套个性化的教育方案，我和家长经常一起鼓励小豪参加学校组织的各种活动。他喜欢足球，于是我建议家长除了学习，也应该关注孩子的兴趣爱好，从而让孩子劳逸结合，更好地提高学习效果。课后服务足球社团是他热爱的。班级的联谊比赛中，我特意安排一位学生负责组织，在班上选出 10 位种子选手参赛，小豪在比赛中展现出了积极争先的劲头和不服输的精神。最后比赛输了，他哭着找自己的原因。从最初被同学埋怨时的愤怒与难过，到后来逐渐懂得了团队的重要性。家庭和学校一定是孩子成长的两个重要场所，家校双方需要密切合作，共同关注孩子的成长问题，共同引导孩子健康成长。

（四）建立信任关系

只有深入了解孩子的内心世界，与孩子建立良好的信任关系，才能让他们感受到我们的关心和支持。这就需要我们主动与学生沟通交流，了解他们的需求和困扰，并给予积极的回应和帮助。下课期间，我会及时地抓住一些契机和小豪谈心，随时了解他内心的想法和需求。有一次，我问他："你最喜欢的课外活动是什么？"他告诉我说，最喜欢一下课就去操场上与同学一起打球和跑步，操场离我们教室再近点就更好了。其实孩子的想法就是如此的简单啊，很多时候一个微笑，一句暖心的话，就能让他们开心、感动。"小豪，这次进步可真大耶！""小豪这次干得很漂亮！""小豪，语文老师刚夸你上课认真哦!"孩子听到这些鼓励的话语,是能感受到我们老师的关心和信任的。

在我们的教室里我经常准备着一瓶"万能药"——茶油。有一次,他和同学发生争执,不小心自己磕到脚。我蹲下来帮他擦药时,我竟然听到他对我说了声谢谢。"老师,你骂我吧,我不应该打他的。"那一刻我发现他的眼神变得柔和起来。有时他还会带一些他喜欢的小零食和我分享,甚至还会从家里带一些家人做的美食给我,那时的我也会像个孩子一样和他边吃边聊。他也开始愿意和我说一些开心或不开心的事,我们一起回味着,我们师生之间的感情也因此增进了。

四、育人成效

经过一段时间的努力,那个"屡教屡犯"的孩子在"屡犯屡教"中有了明显的改善。他逐渐能够在课堂上保持较长时间的注意力,行为也变得更加规范。更重要的是,他对自己的学习有了更明确的目标和动力,变得更加自信和乐观。

在与小豪相处的过程中,我深刻体会到作为班主任,在面对特殊孩子时,我们需要付出更多的耐心爱心和采取一些"小策略"。我们需要深入了解他们的需求和特点,采用个性化的教育方式,帮助他们克服困难,实现自我成长。同时,家校合作也是至关重要的,只有家长和老师共同努力,才能为孩子创造一个更好的成长环境。

最后,我想说,每个孩子都是独特的,他们都有自己的优点和潜力。作为班主任,我们也需要不断地学习和探索更有效的教育方法和手段,为孩子的成长和发展提供更好的支持和帮助,我们的任务是发现并挖掘这些孩子的潜力，引导他们走上正确的人生道路。

　　王文芳，茶陵县芙蓉学校班主任兼数学老师。任教以来，获校级"优秀班主任""先进工作者"等荣誉称号；被评为"株洲日报社茶陵县芙蓉学校校园记者站指导老师"。

时光不语，静待花开

有人说："教育的本质是一棵树摇动另一棵树，一朵云推动另一朵云，一个灵魂唤醒另一个灵魂。"教育从来都不是单方面的灌输、包办、代替，而是理解、唤醒、点燃，让花成花，让树成树。

一、案例简述

小轩（化名）是一个十岁的小男孩，小学三年级学生，有一个妹妹读一年级。爸爸妈妈常年在外务工，兄妹俩一直由爷爷奶奶带在身边。几年前孩子奶奶得了重病，为治病家里欠下了巨额债务。奶奶离世后，爷爷也查出患有心脏病，需常年服药。家里家境较困难。

通过观察发现，小轩的卫生习惯较差，穿的衣服经常脏兮兮，手指甲经常很长，手也是黑乎乎的。他在课堂上专注力不够，喜欢在座位下做小动作，学习成绩较差。他活泼好动，喜欢和同学玩，却不知如何与同学和平相处，容易和同学发生言语或肢体冲突。

二、案例分析

常年的留守使孩子内心自卑、敏感，又渴望和同伴亲近。因没有得到家长的正确引导，孩子不知如何和同学进行正常的沟通和交流；缺乏好的学习习惯，孩子的成绩不太理想。

三、育人策略

为了更深入、全面地了解孩子，我首先和家长沟通，了解孩子在家的一些情况。然后去了家里家访，通过和爷爷的聊天更进一步了解孩子在家的生活情况、学习情况。

在他和同学发生冲突后，我及时喊他到办公室沟通交流，询问他因什么原因和别人争吵、动手，了解后发现他想和对方玩，却不知该如何加入他们的游戏中，才引发冲突。后来我教他如何中途加入伙伴们的玩耍，如："某某某，我可以和你们一起玩吗？""这个看起来很好玩，我也想玩，我可以和你们一起玩吗？"

上课时，只要他有一小会儿手没做小动作我便在班上表扬他上课很认真，那一刻我发现他眼里闪着亮光。有一次他默写《早发白帝城》，得了满分，我便大力表扬他的细心、认真和进步。从那以后，我发现他上课更加认真、专注了。

除此之外，他每次有了一点进步，我都会和孩子妈妈、爷爷沟通交流，希望他们在家里也能多给予孩子肯定和表扬。

学习不是一件一蹴而就的事，而是一个漫长的过程。由于他基础较差，所以在学习上还是较为吃力的。我给他安排了一个自制力强的同学当他的小老师，负责监管、督促他学习。若发现他有不懂的知识点我便喊他来办公室进行单独辅导。

四、育人成效

小轩作为留守儿童，我在教育他的过程中，采取了一些针对性的措施，并取得了一定的成效。

行为上，我通过和他聊天知道其实他渴望和同学一起玩，但有时别人却不太愿意。于是我教他如何友好地融入同学中，后来我发现，他和同学间的矛盾越来越少了。

生活上，我让他负责我们班倒垃圾的卫生任务，每天倒两次他都会及时完成，我便表扬他为班级营造了一个干净卫生的环境。课后，我单独找到他，先肯定了他为班上做的贡献，然后希望他自己也能变得更干净整洁。比如先从每周修剪指甲开始，保持手指甲干净，然后是玩的时候不趴在地上，不将校服弄脏。行为习惯有了改变之后，小轩的学习习惯也在随之变化。

学习上，小轩上课时比之前更专注了，作业的完成质量也比之前要高，学习的自觉性比之前也更好了。以前下课铃声一响，他便会跑得无影无踪，现在他都会先完成作业然后再去玩。

五、反思总结

从小轩的变化和成长中我得到了以下启示：

（1）多关注留守儿童的心理问题，及时进行干预和指导。

（2）多和家长沟通交流，加强家校合作。

（3）给孩子试错的机会，让孩子在纠错的过程中学会成长。

有人说："孩子天生就是来犯错的。"的确，在教育孩子时，他们总是在犯错、改错、再犯错的路上走着。也许一次说教能让他有所变化、有所进步，也许同一个错误他会一而再再而三地去犯，这需要我们有足够的爱心去包容，足够的耐心去等待，静候每个孩子的成长。

案例叙述人

　　周艳艳，茶陵县芙蓉学校三年级班主任兼语文教师，中小学一级教师。2021 年获得株洲日报社"优秀指导老师"称号；2022 年获得"阅美教师"称号；2022 年年度考核为优秀；2023 年获得"优秀班主任"称号。

第二辑

生活引领卷

奋楫笃行不止步，平芜尽处是春山
——以案例分析离异家庭对学生的影响及管理方式

苏霍姆林斯基告诉我们："没有爱，就没有教育。"班主任不仅仅是知识传授者，更应该是与学生建立最深厚师生关系的守望者，还应该是开展学生心理健康教育工作的实施者。初二是中学生心理变化的关键期，这个阶段，班主任处理德育工作时必须考虑到心理健康教育这个方面。作为一名班主任，从早上的微微晨光，到夜幕的点点灯火，我360度地接受孩子们"赐予"我的"淬火锤炼"。但我相信，"奋楫笃行不止步，平芜尽处是春山"。那么我现在仍在攀爬"教育"小欣（化名）这座"春山"的过程中。接下来我将通过小欣的案例来谈谈我的一些思考。

一、案例简述

案例的主人公——小欣（化名），是一个14岁的女生，目前在读初中二年级。小欣刚来班上时，性情易变，脾气暴躁，只要谁不小心碰到她的东西，她立刻会大喊大叫。但凡遇到一点不顺心的事，她又会把自己蜷缩起来，像一只小刺猬，不让别人轻易靠近。

二、案例分析

（一）原因探究

（1）家庭环境：她的父母离异，双方已各自重组家庭；她平时大部分时间是和父亲生活在一起，因为父亲在本地工作；周末她偶尔会去母亲那里，母亲孕期中，情绪波动比较大。小欣由于父母离异受到了心理刺激，长时间缺乏母亲的关爱，她变得脆弱、敏感和自卑。

（2）个人性格及同伴关系：情绪波动大，不会主动与班级学生交流，比较内敛、沉默。

（3）学校及其外部压力：成绩位于班级下游，属于后进生；学校学习氛围浓厚，小欣难以适应高强度的学习训练，学习积极性较低。

（二）影响评估

家庭离异对小欣的性格养成影响较大，学生对外界的新事物存在抵触情绪，不愿意轻易敞开心扉与人交流。学生存在渴望得到关爱，但是又怕被欺骗的矛盾心理。学习基础较差，学生不敢轻易询问任课老师以及班级同学，课堂参与度较低，导致学习积极性每况愈下。心理情绪调节能力较差，容易受到外界的干扰。

三、育人策略

（一）个别辅导（平等交流促信任）

刚开学不久，在一次晚自习上，她传纸条被我中途截获。我把她喊到了办公室，给了她一张凳子，示意她和我并排而坐；小欣后面主动向我说明了原因，并对我做出了保证。也许你们会想小欣怎么会愿意和我说明情况，这把"凳子"起到了关键作用。学生性格的形成与成长环境、家庭背景都有着非常重要的关联性，学生个体之间也存在明显的差异性。学生在班级中产生归属感的一个重要因素就是学生意识到自己处于一个平等的班级环境中，学生信任班主任以及任课老师，才会更加愿意配合我们的教育教学工作。在我的办公桌旁边永远有一张为跟学生交流准备的凳子，这把凳子是一座平等沟通的桥梁，让小欣感受到了认同、尊重和关爱，产生了对班级的认同感和归属感。通过这次平等的交流，我们建立了初步的信任，这也奠定了未来对她教育工作的基础。

（二）家校合作（深夜家访敞心扉）

有一天我在宿舍，十点多接到了小欣爸爸的电话，我心里咯噔一下。电话接通后，小欣爸爸语气很焦灼，说他和小欣吵架了，小欣现在很激动，我心里很担心小欣。那天天气阴冷，细雨蒙蒙，冷风呼呼地吹，我都抛之脑后。我迅速地穿好衣物，骑着小电驴赶往了小欣家。小欣爸爸见我风尘仆仆地赶来，也是一脸的歉意。小欣刚看到我有点发愣，我什么话也没说，而是拥抱了她，轻拍了她。等小欣的情绪慢慢平复下来，小欣主动搬来了凳子并倒给我一杯温水，我们又一次并排而坐。了解到小欣是被爸爸冤枉了，觉得很委屈，一时不知怎么和爸爸交流，只好把自己锁在房间里。我想参观下她的房间，她欣然答应。临走时顺手帮她整理了床铺，摸了摸她的头，并叮嘱她早点休息，注意保暖。回到宿舍，已经十二点多，我想了想，起身坐在书桌前开始写信。信中我希望她能够主动跟爸爸沟通，把我当作知心大姐姐，我会给予她关爱和尊重。返校后，把书信递给她的那一刻，我看到小欣的眼中泛着泪光。我能感受她内心有所触动。这封书信，成了一把开启小欣心灵的钥匙。两天后，她用自己亲手制作的信封装着给我的回信，当她把信递给我的那一刻，我的内心也被触动了。可喜的是，目前小欣和爸爸的沟通情况大有改善，而小欣和我还时常写着信，分享生活，我乐此不疲。家校共育、静待花开，班主任就是连接家长与学校的纽带。学校举行过大型家长会以及学校开放日等活动，目的就是让家长能够重视孩子在学校的发展。另外，我也不定时地会通过电话或微信和家长沟通，有时间的话也时常去家访，让家长能够感知孩子的进步，交流孩子在家以及在校的表现，为我们教师及家长开辟出更好的教育路径。

（三）团体合作（借助外力重落实）

针对小欣的心理问题，我主动联系学校心理咨询室，和心理专职谭老师多次交流小欣的心理发展情况。半年间，多次陪同小欣一起去学校心理咨询室进行心理测试以及情绪调控训练。年级组以及学校也一直在关注小欣的心理发展情况，全力保障小欣的心理发展向稳定的态势前进。

（四）赏识教育（发掘闪光润心田）

有一次我去巡课，看见她在认真地画画，是一幅肖像画，乍一看还有点像我。我和小欣眼神对视，她腼腆地笑了笑。这幅肖像画成了我捕捉小欣闪光点的契机。后面我开始鼓励她参加学校组织的绘画比赛，还安排她参与班级黑板报设计以及班级文化建设，小欣都完成得很出色，她手绘的色彩绚烂了整个校园，也温暖着我们的心田。教育家陶行知在《创造宣言》中指出："教育者不是造神，不是造石像，不是造爱人，他们要造的是真善美的活人。"的确，判断学生能否成为一个优秀的人，评价的标准应该是多元化的，而不是仅仅参考学生考试的分数。在那之后，小欣向我们展现了更多的闪光点，在班级里发光发热。尽管小欣的学习成绩依然不是很理想，但可喜的是她慢慢找到了自信，也找到了自己热爱的事情并为之采取行动，摘取一个个沉甸甸的硕果。现在我时常能够看到她脸上洋溢着灿烂的笑容，听到她爽朗的笑声。我始终相信，来自教师的肯定与欣赏，会在学生的稚嫩的心里种下一颗颗种子，种子会生根发芽，慢慢长成一棵棵大树或者一束束花朵。

四、育人成效

目前该生发展良好，人际交往方面，能够主动与班级同学接触，和父母沟通情况也有所改善，并且会主动听取别人善意的建议；学习上能够按时完成老师布置的作业。

五、反思总结

（一）经验分享

从这个对个别问题学生实施教育的案例中，我总结了以下几点粗浅的认识：开学初摸底家庭情况，做好记录；若是特殊家庭，条件允许的话多走访；利用班委会的力量，做好集体教育引导工作；多关注、多留意、多寒暄、多沟通；定时与家长联系，沟通该生在校情况；和任课老师多联系和交流，了解学习状况及上课状况；不定时书信沟通，时刻关注并调整自己与该生的沟通方式以及态度。

（二）改进建议

教育是有滞后性的，我们采取的措施可能短期效果并不是很明显，但班主任工作是持久性的，所以我对小欣的教育工作也在不断改进和调整，与小欣进行思想上的碰撞，并引导小欣树立正确的价值观、人生观。多去家访，增强家校合作；借助多方面的力量，齐头并进，消除或者减弱影响小欣的不利因素；多学习心理学相关知识，洞悉孩子们该阶段的各种心理问题。

六、结语

作为新时代的一名初中班主任，我们应该要转化教育理念，从传统的班级管理模式下解脱出来，注重对孩子的心理健康教育。学生在学校不仅仅是学习知识，更重要的是保持心理状态健康积极，享受快乐的校园生活。我们需要走入学生的心灵世界中去，慢慢地我们就会发现那是一个广阔而又迷人的新天地，许多百思不得其解的教育难题都会在其中找到答案，而这个阶段也是慢慢找寻自我人生意义的过程。班主任管理工作是一门艺术，我们需要在热爱中提高，在敬畏中前行，认真并用心做好班主任教育工作。

案例叙述人

陈苗苗，大学本科学历，中小学二级教师。从教以来，一直担任初中英语教学以及班主任工作。她曾荣获"优秀班主任"称号；荣获"芙蓉杯"赛课活动一等奖；2024 年荣获"蓉耀杯"班主任论坛比赛一等奖。

长长的路，我们慢慢走

——做一个温暖的教育者

著名教育家陶行知先生说过："真正的教育是心心相印的活动，唯有从心里发出来的，才能达到心的深处。"在班级管理中，无数的案例，让我深深地明白，只有用心对待每一位孩子，与他们共同成长，才会收获一个个灿烂的笑容。

一、案例简述

（一）基本信息

这是我班的一位"名人"——晖晖。他是一名小学四年级学生。我刚接手这个班就发现他的行为笨拙、缓慢，习惯养成特别差。他上课经常在教室跑来跑去，扰乱课堂秩序；他也不爱完成作业，一写作业就哭；不管坐哪里，他的座位底下永远垃圾一大堆，纸片、铅笔、水杯、饭勺等杂物散落一地；他还经常把笔墨弄得到处都是，甚至有时脸上还有擦不掉的墨水印。虽然他聪明、帅气，但长期的懒散习惯使我深感头疼，久教无效。因此，同学们也不爱和他玩。此外，他妈妈性格暴躁，经常因小事对他大打出手，而且没轻没重。衣架、皮带、木棍，她拿起啥就往小孩身上打。孩子脖子上、脸上、手上经常青一块紫一块的。挨打成了他的家常便饭，他越来越不爱说话，也不主动与人进行沟通。

（二）问题描述

1. 行为习惯困扰

这位孩子着实令人费解——任何时候，他都能将课堂搅得天翻地覆。这天，全班学生都在安静地上着数学课。突然，班长发出一阵叫喊声。学生们不约而同地都转过去看。原本井然有序的课堂秩序被瞬间打破。我非常生气。再三询问原因。原来是晖晖趁我不注意，在地上爬来爬去丢纸团。这种行为简直无法容忍！我气急了，大步冲下讲台。一个箭步冲到他身边大吼道："让你妈妈把你领回去！"话音刚落。他就哇的一声大哭了起来，声音响彻整个教室。我一时不知所措。下课了，我把他叫到办公室。他却摆出一副无所谓的态度，好似说："你能拿我怎么办！"我忍住怒火问他："为什么要丢纸团？"他不答。我又问："是让你妈妈来你才肯说吗？"他看了我一眼，慢慢地低下了头，开始小声哭泣起来。我觉得他有点可怜，安慰他说："那好吧，老师答应你，不告诉你妈妈，但你也要告诉老师，为什么上课不认真听讲呢？"他继续沉默不语。我觉得这个孩子本质不算坏，只是自制力差。我语重心长地对他说："作为学生就要遵守课堂纪律，不能想怎样就怎样，破坏课堂纪律，不仅耽误了你自己学习知识的时间，也耽误其他同学的时间呀！"他低着头，好像意识到自己的错误。过了没多久，又有孩子向我报告说："晖晖又在别的课堂上四处奔跑。"他依旧如故，毫无改进——真是"口头认错，行动不改"。

2. 学习困难

孩子因为动作迟缓，握笔姿势困难，所以作业总完成不了。同时，他的性格散漫。即使我陪着他写作业，他也写不出几个字，学习跟不上大部队。

3. 人际关系

孩子不讲卫生，到处搞破坏。在桌子上挖洞、吐口水在座位上、玩笔墨然后将笔墨弄在同学衣服上等行为，导致他和班上同学常发生矛盾。同学们也渐渐地开始不理他。

二、案例分析

作为班主任的我，发现这些问题后，第一时间与家长取得联系。我们在深入交流中找到了孩子产生这些问题的原因。

（一）家庭失衡

在孩子小时候，由于父母工作忙，他被送到爷爷奶奶家。爷爷奶奶整天忙于农作，不管孩子，天天就让孩子在家里看电视，也不让孩子出门。后来上小学一年级，他被接回了爸妈身边。他的哥哥又正是高三的关键期。全家人的精力都放在哥哥身上，更无暇顾及孩子。因此，他没有养成良好的卫生习惯和行为规范，每天脏兮兮的，也不会与人相处交流。

（二）家庭教育方式不当

孩子的妈妈是个急性子，面对孩子身上的诸多不足，她往往采用简单粗暴的体罚方式，衣架、皮带、木棍拿起啥就往他身上打。他脖子上、脸上、手上经常青一块紫一块的。挨打成为他的家常便饭，所以孩子变得更加内向，也不与人沟通。

（三）自身原因——感统失调

晖晖专注力不强，行动迟缓，尤其是写作业的时候，笔怎么也拿不好。后来我和她妈妈联系，了解情况后家长就带孩子去湘雅进行了一次检查，发现孩子有感统失调的问题。感统失调导致孩子做任何事都慢吞吞，不爱学习，性格懒散。

三、育人策略

通过对孩子的深入了解，我内心对他充满了怜爱。我制定了一些措施，旨在帮助孩子尽快地改变他的行为习惯，让他能够与同学友好相处，让他能顺利融入班集体中。

（一）培养信心打基础

我竭力发掘孩子的闪光点。一次班会，我当着全班学生的面对这个孩子夸道："老师昨天听你妈妈提及，你吃苹果时还能想着给妈妈，真是个孝顺的孩子。老师特别喜欢孝顺的孩子，更相信孝顺的孩子会是遵守纪律的孩子。"在他脸上找到一丝笑容之后，我意识到我的话起了作用。在数学课，我又悄悄地对表现没多大变化的他说："老师看到你这节课，比以前听课认真了许多。要是你以后课上能回答对一个问题，老师就给你奖励。加油啊！孩子。"连续两次善意的谎言，让他有了一点改变。于是我就经常夸他。

我平常以朋友的身份和他相处，和孩子"约法三章"，并适当降低标准地给他奖励，鼓励孩子去融入班集体。如特意喊他去发牛奶、收作业等，然后在班上大力表扬他。同时我又不失时机地向他提出更高要求，让他帮助别人。比如：有一次下雨天他带了伞，我便让他跟另一个没有伞的孩子一起共伞。那个孩子一直都在说"谢谢"。慢慢地，晖晖开始积极主动起来，愿意与班上的孩子交流。

我还主动与孩子谈心，倾听他的烦心事。我先夸奖和肯定孩子的进步，然后和孩子一起交流交友上遇到的问题，让孩子有意识地去改变自己的行为习惯。

（二）家长配合助转变

1. 改变教育方式

我和晖晖妈妈进行了深入的对话，让她认识到，打骂并不能解决孩子的根本问题，应以陪伴鼓励为主，以此激发孩子自主学习的动力。我提议晖晖妈妈，平常带孩子去公园玩，去图书馆看书，或是陪着孩子去同学家做客。

2. 齐抓共管

和家长达成共识后，课堂上我常常走到他的身边，关注他的学习状况。然后我和家长交流孩子当天上课的表现，请家长在家协助并监督。慢慢地，孩子每天能主动按时地完成作业了，也不会看到作业就哭脸了。

3. 感统训练的加持

每周进行感统训练，孩子的四肢协调能力和自我管理能力得到了提高。孩子的行动明显变得灵活起来。他开始热爱运动了，下课也愿意和同学们一起去玩耍活动。

（三）师生关爱是秘诀

1. 爱的教育

心理学家认为"爱是教育好学生的前提"。这样的孩子并非通过一两次说教就能改变的。所以当他的"问题行为"反复出现时，我都告诉自己——不着急，慢慢来，用真心去感化他。

2. 一对一帮扶

我安排了一个"小老师"和晖晖做同桌。"小老师"提醒督促晖晖规范自己的行为。现在晖晖再也不会把垃圾丢得满地都是，也没有到地上爬来爬去的行为了。

3. 助力交友

我专门精心设计并开展了一次以"我最尊敬的同学"为主题的班会活动。同学们不仅要说出自己尊敬的同学是谁，还要说出为什么尊敬他（她）。这一班会让晖晖学会与他人相处要注意什么问题，学会与人相处。同时，我了解到班上有一个孩子住在晖晖家附近，于是鼓励他与晖晖交朋友，关心、帮助他。这让晖晖感受到同学们对他的善意，从而体会拥有朋友的快乐。

四、育人成效

经过两年的努力，现在的晖晖发生了翻天覆地的转变。他由一个懒散、不爱与人沟通、卫生行为差、用"拳头"解决问题的孩子变成了一位文明、讲卫生、集体荣誉感强、受学生欢迎的孩子。

孩子的转变让我深有体会。在教育的道路上并非只有严厉的批评会对学生起到作用，教师俯下身来以学生的视角来看待问题，用有温度的话语、行为唤醒一个个沉睡的灵魂，会让学生的转变更加持久有效。除此之外，一个孩子的转变要从多方面做工作。家庭是每个孩子生长的土壤。我们必须重视家庭教育的影响，并争取家长的理解和配合，形成家校合作的力量，引导学生不断进步。

春天开花，秋天结果，成熟也需要时间。作为孩子的领路人，唯有陪着他们，将长长的路慢慢走，才能让灵魂跟上步伐，让教书育人成为温暖的修行。最后愿身为教师的我们，手揽星光，照亮更多的人。

案例叙述人

唐贵宾，芙蓉学校四年级班主任兼数学老师，中小学二级教师。2023 年下学期荣获芙蓉学校"优秀班主任"称号；2023 年参加株洲市"基础教育精品课"竞赛，荣获二等奖。

"问题学生"管理及班集体凝聚力的创建
——让每一朵芙蓉花绽放

立德树人是教育的根本任务，即任何教学活动的开展都是为了培养品德高尚的人。初中阶段的学生正处于身心发展的关键时期，德育在教育体系中占据重要地位，是助力学生行为习惯养成、价值观念形成的关键。这个阶段的学生正处于幼稚与成熟之间的过渡阶段，情感复杂，独立性和依赖性并存，展现出极强的可塑性。接下来，我就借助两个案例来探讨"问题学生"管理及班集体凝聚力的培养。

案例一

一、案例简述

案例的主人公是小彦（化名），一名 14 岁的八年级学生。小彦有很多不良嗜好，如：染发、穿奇装异服、文身、抽烟、早恋、嚼槟榔、外宿、厌学。

二、原因分析

1. 家庭因素

小彦属于留守儿童，由奶奶和爷爷照顾。父母与孩子真正相处的时间不多。短暂的相处，父母未能及时发现并纠正孩子的不良习惯和行为。而小彦在成长过程中，渐渐地形成有委屈不愿说的性格，遇见困难不知道怎么解决，孤独感压力感不懂如何排解。

教育方式的不当也是原因之一。小彦父母长期不在家，一回家就试图用物质弥补对小孩的亏欠，平常会满足小彦的一切经济需求。而小彦奶奶，在经济管控方面较为严格。由于家庭管理理念不合，小彦越发叛逆。

2. 社会因素

青少年的价值观仍不稳定，极容易受到不良风气、消极价值观的错误引导。青少年好奇心较强，容易受新鲜事物的影响，通过网上冲浪获得的各种资讯未经筛选便全盘接受。小彦早早实现了电子产品自由，更容易受到网络的影响。

3. 学生自身因素

小彦自控能力较弱，规则意识淡薄，奋斗目标不明确，责任意识不强，学校归属感缺失。这导致小彦出现了打架、抽烟、厌学等不良行为。

4. 不良同伴的影响

一些学生追求独立、不愿被约束。他们极易形成厌学违纪上的"同盟军"。青少年迫切渴望得到群体认可，当其本身的价值观无法做出正确判断时，会促使他们不自觉地融入某些不良群体，小彦价值观尚未成熟，感受不到学习的快乐，享受毫无限制的自由，并在不良群体中找到了归属感，于是渐渐地加入了不良群体。

三、育人策略

1. 以情化人

刚接触小彦时，我会耐心地和他沟通交流，给予他更多的关心，让他感受到老师的爱，从而取得他的信任。我与小彦建立信任关系后，针对他的一些不良行为习惯，提供多种方法帮他作出改变。我让他负责登记班上同学体温情况。慢慢地，小彦成为我的小助手。这些办法，让小彦感受到被他人需要，进而提升小彦的自我效能感，从而达到初步转变的目的。

在学校安分了两个月，小彦初次逃学。我们找到小彦的时候是在下午四点多，他死活不肯回学校。叫他到办公室时，我还没说两句小彦就开始掉眼泪，甚至还顶嘴。有了前期感情基础，我这次对待小彦的逃学行为打的感情牌。从言语中让小彦知道此次逃学行为让我感到难过及失望，再讲述前段时间小彦变化带来的欣慰。小彦在交流过程中逐步感知自己的问题。随后的几天，小彦每天按时上下学，遵守课堂纪律，我布置的事情也都能完成好。

2. 家校联合

一周后，小彦再次逃学。小彦再次返校已经是四天后，这次任凭我说再多，小彦也没有任何回应，眼里也没有任何波澜。我只能让家长配合，每天送小彦来校并盯着他进校门，不给小彦逃学的机会。在之后的日子，小彦偶尔会出现不愿意来校的情况。我开始联合多方力量组建劝返团队，包括心理老师和学校领导。我们共同进行家访，多管齐下，小彦也慢慢地回归校园。

四、育人成效

小彦在后来的时间里，会主动和我分享他的近况。我也会和他聊聊他以后的打算，倾听他的想法，提出建议。除此之外，小彦懂得了主动关心他人，碰上我的生日，他也会送上生日祝福。

对于小彦这类学生的引导，班主任们不能以学习成绩为目的。他能够成为一个自信、感恩、乐观向上的人，也是正向的反馈。

案例二

一、案例简述

案例发生在八年级上学期刚开学。放学后，某个学生与家长在班级微信群发生争执，接着有个别同学在班级微信群中发表不当言论。第二天，有很多同学议论此事。这件事，对班级的和谐氛围造成不良影响。

二、原因分析

这个班在我接手时，便暴露出很多问题，例如：学生纪律观念差、卫生习惯差、自我中心倾向显著、集体荣誉感较弱、没有班级归属感。

三、育人策略

1. 及时控制事态发展

班主任加强与学生家长的沟通，能够促使彼此更加深入地走进学生的学习和生活。家校合作能够更好地发挥教育作用，形成强大的教育合力。于是在事情发生之初，我及时将相关学生移出群聊，同时，打电话与家长沟通，了解事情经过，着手进行调解工作。

2. 强化集体教育

在矛盾出现之后，班主任要及时有效地与学生进行沟通，找出矛盾的源头，并在最短时间内找出解决矛盾的恰当办法。我在事情发生的第二天及时召开班会，与学生们一起分析其中利害关系，引导他们探求更好地处理问题的方法。

3. 注重个别学生教育

班主任要把每一个学生当作一个独立的个体，认识到他们是有自己思想和情感的生命体。我单独约谈了相关学生，细致询问事情经过，耐心倾听学生内心所想，在学生观念出现偏差时及时纠正，并加以适当的人文关怀，帮助学生分析问题，给学生提供多种解决办法。

4. 班干部培养

班干部是班风的风向标。所选的班干部要有强烈的班集体意识，在矛盾发生伊始要及时阻止。于是我组织召开班干部会议，设置心理委员，明确班长辅助解决班上学生之间的矛盾的职责，若遇到解决不了的矛盾，在矛盾未升级前报告班主任。

5. 开展集体活动

我在此案例发生后，有意识地开展各类班集体活动以增强班级荣誉感。如：利用体育课和班会课进行团体游戏；以小组为单位，过关领奖。只要出现班级内部吵架现象，班干部都会挺身而出解决班级矛盾，维护班级团结。在大家的共同努力下，我们班每月都获得了流动红旗。成绩这方面，大家也非常争气地拿了第一。学生们也懂得观察细节，感恩老师。他们会在我心情不好时，送颗糖、送束花、送上小卡片；我趴在办公室桌上睡觉，他们会提供一个午睡神器；教师节，也会送我他们共同 DIY 的相框。

　　肖艳琴，中小学二级教师。从教以来，一直担任初中语文教学以及班主任工作。积极参与赛课活动，获"芙蓉杯"赛课活动二等奖；2024年获"蓉耀杯"班主任论坛比赛二等奖。

让花成花，让树成树
——做有温度的点灯者

每个人都会有缺陷，就像被上帝咬过的苹果，有的人缺陷比较大，正是因为上帝特别喜欢他的芬芳。

——托尔斯泰

每个成人内心深处都住着一个完美小孩，而身为教师的我们试图照着这个标准来教育自己的学生，让学生按照自己心中的完美小孩成长。殊不知，每个孩子都是不一样，就像世界上没有两片完全相同的树叶一样，他们会有不完美，更不可能完全长成我们心中想要的样子。所以，接纳孩子的不完美，让花成花，让树成树。

在我班里有各种各样的孩子，他们性格不同，长相不同，能力亦不同，唯独的共同点就是他们都不完美。半年前我刚接手他们，开学后的一个月我随时随地在抱怨，感觉上一届的学生是天使，而这一届学生就是"魔鬼"——上课开小差、作业交不齐、纪律差、卫生脏乱，更有甚者和老师顶嘴。我的心态也受到了负面的影响，对待学生也没有好脸色。直到我看了一部电影《小孩不笨2》后，我慢慢想开了——工作嘛，一定要找幸福感。孩子嘛，还年幼，他们需要更多的关爱、包容与认可。

一、案例简述

我们班有位"名人"——小波（化名）。他是一名14岁的九年级学生。他以前的班主任都和我说不要搭理他。他行为习惯特别差，上课经常插嘴、顶嘴，扰乱课堂秩序，严重的话还会顶撞老师；卫生习惯特别差，不管坐哪，座位下经常垃圾一大堆，桌子上书本堆得乱七八糟，有时还有离家出走的情况。总之，他总是犯事，让老师深感头疼，久教无效。

二、案例分析

接手这孩子之后，我也深入去了解了他的情况，和他斗智斗勇。我想他既然在我班，我就有责任教育他、转化他。我为数不多的带班经验告诉我，这样的孩子不是一次两次说教就能改变的，需要付出无限的爱心、耐心、宽容，走进他的心灵，唤醒他的良知。为更好地转化他，我也试着从几个方面分析原因：

（1）曾经优秀，而后堕落，使得他出现了严重的心理失衡。上课时老师稍加点拨，他就认为会了，张口就说"这么简单"这类话语。越能吸引别人目光，他越能享受到快乐。

（2）父母的教育方式不当。小波的父母经常在外，没有尽到教育的责任。他奶奶年岁已大，力不从心。他又不怕他奶奶，他唯一稍微怕一点的是他爸爸，但是天高皇帝远，又管不到。他爸爸偶尔回家听到班主任的"告状"，大多采用恐吓、打骂的方式，不怎么关注孩子的表现。所以他的个性毫无拘束，行为习惯又不好，加上学习成绩跟不上，对学习失去了兴趣，课堂上便自暴自弃了。

三、育人策略

家庭教育方式不当、自身的性格特点、学校教育不够完善等原因，使小波成了"后进生"。我从对小波本人的引导、加强学校与家庭的配合、对全班学生的引导三方面着手，对其加以引导和帮助。

有一次他跟英语老师顶嘴，我先把小波叫到办公室，让他坐在我旁边，以冷处理的方式让他先冷静，然后另寻时机与他进行谈心交流。对于此事，尽管我很生气，也知道该事件对班级学生有着很大的负面影响，但为了更好地使小波转变，我安抚他的情绪，以温和的口吻、换位思考的方式换取他对我的信任、排除他对老师的对立情绪。同时，给予充分的时间，让他认识自身行为的不正确、了解正确的做法。之后，我对班级学生进行引导。我也及时与家长联系，争取家长的配合，换取家长对我工作的支持。

（一）培养信心是基础

经过这件事，我发现这孩子听得进劝，还不记仇，所以在教育中，我还夸了一下他，他反而不好意思地笑了。也是经过这一次之后，小波看见我都会礼貌问好。所以在教育过程中，我们教师应该相信每一位学生都有自己的优点，不要害怕"后进生"。我们有了"信心"才能以积极的态度面对"后进生"，以恰当的方式教育学生，帮助其转变。

（二）师生关爱是秘诀

"后进生"需要教师更多的关爱。关心他们，多交流思想，做他们的知心好友；宽容地面对每一次"问题行为"的反复，用真心感化学生的心灵。心理学家认为"爱是教育好学生的前提"。对于小波这样的"后进生"，我放下架子亲近他，对他敞开心扉。"动之以情，晓之以理"，用师爱去温暖他，用真情去感化他，用道理去说服他，从而促使他主动地改正错误，让他感受老师对他的信任，感受到老师是自己的良师益友！当然同学的帮助也是必不可少的，有的时候我会借助学生的嘴去表达我对小波的肯定。当他听到同学嘴里老师眼中的他，他会更有成就感，至此，小波的转化工作达到事半功倍的效果。

（三）家校沟通是关键

无论是对学生，还是对家长，耐心能得到信任。耐心能将事件妥善地解决。我经常与家长联系，相互交流孩子在家里、学校的表现。我和家长达成共识，齐抓共管。课堂上我时不时用眼神肯定他，课后和他谈心。

四、育人成效

开学差不多快两个多月，我终于听到了一句令人欣慰的话，我的班长说小波跟八年级完全不一样啦，小波自己也跟我开玩笑说他现在比以前好多啦。现在在课堂上他不会与老师顶嘴，在校园里也能看见他弯下腰拾起地面垃圾的行为，慢慢地，他成了一个富有正义感和集体荣誉感的孩子。

或许小波还有许多不完美的地方，但"不完美"或许是一份特殊"礼物"。接受他们每个人存在的缺点，发现孩子们的闪光点。哪怕是最后一名，也期待他自信地面对未来。当一个点灯者，就要平等地点燃每一盏灯，尊重每一个孩子的付出，看见每一分努力。接纳不完美、尊重差异或许比追求完美更能促进孩子成长。

案例叙述人

　　陈红，中小学二级教师，工作以来一直担任班主任工作，所教班级多次获得"优秀班集体"称号，个人多次被学校评为"优秀班主任"。

尊重孩子是最好的教育
——班主任教育案例

星河璀璨，总有暗淡的那一颗；花开满墙，总有迟开的那一朵；林木葱郁，总有特别的那一树。在班主任的道路上，我一直以理解式教育作为自己的理念，尝试站在学生的角度去读懂学生，对他们的感受做出积极的回应，让学生感受到被理解、被接纳。

一、案例简述

刘同学，八年级学生，家庭条件较优越，父母对孩子几乎是有求必应。刘同学在家排第二，上有姐姐，下有弟弟。他从小最调皮，成绩也不理想，经常被父母打骂教育。他在校表现较差，行为习惯和学习习惯急需引导和改善。

刚接手时，刘同学在本班成绩垫底，被同学投诉经常说脏话骂人，像个刺猬一样不让任何人靠近，与同学矛盾大。每天上课他不是在画画就是在画画的路上，画纸、画笔都不知道被收缴多少次，进办公室受教育也像家常便饭一样。

第 N 次教育后，我发现他又在课堂上偷偷画画，因不想打乱上课节奏，我并未直接在课堂上批评他。于是我走到他身边敲桌提醒并眼神示意，他也自觉地把画纸收进课桌。本以为事情就此结束，让我没想到的是刘同学下课后竟主动拿着画具来办公室找我："老师，我把东西先放你这里，期末你再还给我。"我心里一惊，还以为这次又是像以往一样：批评—教育—叮嘱—无效。没想到他竟能主动上交画具，我意识到这是个很好的机会，既然他自己有认错的态度，正好可以和他进行深度交流。通过我的耐心引导，他慢慢认识到自己的错误，有了改错的决心。

二、案例分析

此事件发生后，我就多次留心，与家长、学生、班上同学了解到以下情况。

（一）家庭因素

家里条件不错，从小父母给姐弟三人报了多门兴趣班。刘同学在家排第二，姐姐很优秀，在家里是榜样的存在，弟弟成绩也很优异，而刘同学是三个孩子中最让家长头痛的，时常被父母拿来与其他兄弟姐妹作比较。当孩子之间发生矛盾时，家长通常也批评他较多，父母和他缺乏及时的沟通，不和谐的家庭氛围间接性地影响了该生的性格及处理事情的方法。

（二）个人因素

在家庭环境影响下，刘同学无形之中缺乏安全感，对自己产生怀疑，内心脆弱，抗压能力差。在班上他觉得自己被排挤，无人能倾诉，有时甚至会使用过激的行为（如：与同学打架）宣泄自己的情绪。同时，他学习上也总是跟不上，听不懂也不问，作业不会做就干脆不做，成绩一直没提高。

（三）社会因素

随着信息化时代来临，手机已然变成人人手中的必备品，尤其是青少年深受影响。网上的内容质量参差不齐，加上初中生的心理不够成熟，自我控制能力相对较弱，因此，年少的初中生经不住诱惑，容易沉迷手机网络，他们正常的生活方式和学习习惯都受到影响，甚至影响身心健康。刘同学便是其中一个例子，刘同学在家玩手机现象较多，自制力不强，每次爸妈把手机藏起来，总能被他找到，家长发现后免不了又是一顿教育。

三、育人策略

初中生慢慢步入青春期，生理方面以及心理方面都有了迅速发展。而这一阶段的学生开始观察世界，并有自己的想法，心智变得成熟，但也会对某些事物产生怀疑或不正确的认知。此阶段的学生更加需要父母的关爱、老师的关怀、同学的帮助，渴望别人倾听自己的想法，缓解焦虑。父母和老师也应站在倾听者、引导者的角度，帮助孩子形成正确的价值观。

（一）以诚相待，做学生的倾听者

第一，我们要充分利用课间等碎片化时间，多和学生交流，在不经意间了解学生的状态或生活中遇到的疑问，发现学生的思想转变、学习状态，从而在无形中去化解学生的不安情绪或心理压力。第二，对于犯错误的同学，教师更要懂得倾听，对学生充分尊重，平等对待。心里急，语言、表情也不能急，做到春风化雨，润物无声。给学生解释的机会，让其讲清楚事情的起因、过程及结果，然后再分析对错，说出改进的方法，必要时讲清楚相应的惩罚、弥补的方案，让他们清楚自己的行为给班集体带来了不好的影响，需要为自己的行为付出代价。我在教育该生的同时也教育了集体，尽量让教育做到有的放矢，用最优的方式解决问题，获得有效的教育成果。通过与刘同学一次次耐心地谈话交流，他从一开始的针锋相对，说一句抵一句，慢慢地信任了老师，态度变得柔和，话也越来越多，从家庭情况谈到与朋友间的相处、自身的问题等。我再根据学生的情况给予积极准确的回应，帮助他分析具体问题并提出解决方法。

（二）创造良好的心理环境

班级氛围对于学生的道德发展有着直接影响，一个和谐、积极、友爱的班级环境能有效激发学生的正向行为。针对该生所说的那些不愉快的回忆，我分析发生矛盾的原因与他自身性格易怒、爱说脏话有很大关系。因此，最关键的是他要清楚自己的不足并进行改正，要控制自己的言语，培养自我调整和自我激励的能力。同时，我还在班级里开展集体教育，强调团结意识、集体意识，引导学生正确处理与同学之间的矛盾，营造积极向上的班级氛围，杜绝校园欺凌事件，为学生的健康成长保驾护航。

（三）发扬闪光点，规范行为准则

每位学生身上都存有独特的闪光点，如果教师能够发现并弘扬这些闪光点，学生的闪光点就会成为向上的起点。对于刘同学，我从绘画入手，鼓励他积极参与班级文化建设，如黑板报、手抄报等，表扬其为班集体付出、贡献自己力量的行为。同时，我在学习上鼓励他要按老师的要求去认真完成相关任务，主动解决学习上的问题。他的每一次的进步我都给予鼓励，这样有利于增强他的自信心，促使刘同学上进。

（四）家校共育，形成教育合力

德育工作不仅仅是学校老师的责任，也需要家庭的积极配合。学校应与家长建立良好的沟通渠道，及时将学生在校的道德表现反馈给家长，邀请家长参与到德育活动中，协同家长规范孩子的行为与学习习惯，形成学校家庭联合教育的局面。同时，教师与家长沟通关于学生的学习情况时，抽象的描述可能会造成家长的困惑或焦虑，具体、清晰的描述不仅易于理解，还能帮助家长具体知道学生在哪些方面需要支持。例如，当谈到刘同学在地理学习上的困难时，我没有简单地说"你的孩子在地理学习上有困难"。而是具体描述："在最近的地理课上，我注意到你的孩子在地理综合练习方面有点跟不上，答题抓不到关键信息，回答得不全面。综合分析下来，他对于基础知识点没有及时掌握和背记，建议孩子在家时，家长也可以利用碎片化时间对学生进行抽背。"这种具体的描述既传达了问题的所在，也提供了解决问题的方向，更能促进家长与教师之间的合作。除了微信、家长会、家访等方式，学校为了促进家校更深层次的交流，开展了家长进校园活动，共同参与班级管理的活动。邀请家长走进课堂，观察学生的学习状态和教师的教学方法。通过直接参与或观察一些课堂互动，家长可以更直观地了解学生在学校的日常表现。这种面对面的沟通方式有助于消除家长对学校的疑虑，同时也让教师更深入了解家长的期望和担忧。

四、育人成效

经过长时间的坚持，刘同学改变很多，说脏话的现象有所改善，但还需要继续提醒和监督。他在画画与学习方面也开始有合理的安排，变化最明显的是作业从不拖欠了，后期甚至把所有的画笔主动带回家，表示要认真复习，提高成绩。努力没有白费，刘同学由最初的垫底一点一点进步，成绩提升了将近 15 名，发展潜力很大。

五、反思总结

（一）关注引导

关于后进生、调皮学生的引导，班主任在做思想工作的同时，还要让班级同学、任课教师对这些学生进行更多的关注。除了学习方面，老师也要观察、发现他们的日常变化、课堂状态，对他们进行及时引导并调整。此外，老师可以对他们进行适当的表扬，这方面对于好胜心强的初中生来说是有效的，发现和表扬学生的闪光点，不仅是对他个人的教育，也是间接对班级学生的引导。

（二）方法引导

授人以鱼，不如授人以渔。教给学生学习方法，让学生自己学，自己管理自己。此外，老师应引导学生积极参与课外运动、体育项目练习。因为初中生的情绪具有多变性，合理宣泄，可以帮助学生释放不良情绪。大课间，教师可以带学生去操场打打羽毛球、乒乓球，跑跑步，舒张身体，排解长久的压力，学生心情也能得到放松。苏霍姆林斯基说："只有能够激发学生进行自我教育的教育，才是真正的教育。"

六、结语

班主任工作中，德育是必不可少的工作内容。德育教育，有助于初中学生规范言谈举止并在德育教育中寻找人生的成长方向。作为老师，我们应该做到尊重学生、倾听学生、理解学生，帮助学生形成良好的人生价值观念，为学生成长助力。

案例叙述人

段智琼，中小学二级教师，从事初中地理教学工作，并担任班主任，多次获评优秀班主任。

以爱为舵，智慧启航

——小学生心理障碍转化案例

著名教育家巴特尔先生说过："教师的爱是滴滴甘露，即使枯萎的心灵也能苏醒；教师的爱是融融春风，即使冰冻了的感情也会消融。"作为一名班主任，我深知爱是教育的基石。我们要用爱心去感化学生，让他们感受到温暖和关怀。当然我们也要具备教育智慧，知道如何与学生沟通，如何倾听学生的心声，如何与学生建立起真正的信任关系。唯有如此，我们才能真正地帮助他们走出困境。

一、案例简述

我们班有一名学生叫小涵。她是一名 11 岁的五年级学生。小涵性格内向，学习成绩偏下，交友困难，占有欲强；听不进意见，爱嫉妒；固执，倔强，多疑，爱冲动；厌学，胆小爱哭；自卑，怕受冷落，怕被遗弃。这些症状在学校的集体活动中尤为显著，她总是感觉格格不入，难以融入集体。她总认为自己不如他人，与其他同学沟通时格外担心被轻视，特别在乎他人对自己的态度。一旦察觉同学不够热情，她便会非常痛苦，不肯回学校读书，甚至把自己反锁在房间痛哭，有时会产生轻生的念头。与此同时，在日常生活中以自我为中心，如若事情未按她的意愿进行，她便会异常难受，会猛地起身跑到顶楼、厕所等无人且阴暗的地方哭泣，并说出"想去死"之类的消极言语。她很敏感，看见他人三五成群聊天，便会臆想他人在说自己的坏话，并且对自己的臆想深信不疑，从而与他人产生争吵或打斗。知道她这种情况后，我决定对她进行有针对性的引导和帮助。

二、案例分析

通过专业心理测试、日常观察与交流，我发现小涵的问题主要源于家庭环境和个人性格特征。小涵的父母在她年幼的时候常年在外务工，很少有时间陪伴她，这导致她内心缺乏安全感和归属感。而爷爷奶奶非常宠她，凡事遵从她的意愿，这导致其占有欲强，性格倔强。而到了学校以后，同学们并不会像爷爷奶奶一样无条件满足她，也不会给予她想要的安全感和归属感。所以她会十分痛苦，整个人一度处于崩溃的边缘，无法正常学习。

三、育人策略

（一）提升专业能力

个性化转化策略的实现需要教师具备一定的心理教育、学生发展等方面的专业知识和技能。因此，我必须提升自己的专业能力，以便更好地实施个性化转化策略。单有爱心，没有专业有效的方法只会让我们在班主任工作中倍感无力。所以，提升自己的专业能力势在必行。我通过观看专业的视频、查阅专业的书籍与资料、询问专业的人员、向学校申请相关专业的学习机会等帮助自己有效地提升班主任业务水平，让自己在面对小涵这类心理障碍学生时能够做到有的放矢。

（二）建立信任关系

信任是走进学生内心的必要条件。只有取得了学生的信任，我才能了解到她的内心想法，及时干预。我在日常生活中主动关心小涵，利用课余时间与小涵闲谈，带她到操场上散步，陪她到篮球场看篮球比赛等。在此过程中我慢慢了解她的想法和感受，她也慢慢感受到我对她的关心和支持。时间久了她对我非常信任，内心的种种想法都会向我倾诉。

（三）助其培养自信心

自信就像是一把魔法钥匙，能打开学生内心深处的宝藏，让他们发现自己的优点和潜力。这样，他们就能更加积极地参与学习和生活，逐渐摆脱自卑心理的困扰。课堂上我经常提问小涵，鼓励她表达自己的观点。同时，我会定期给她辅导作业。在辅导过程中我发现她英语基础还不错，因而我决定把英语打造成她的强项，让她在学习上获得自信心。因为感兴趣，所以在此过程中她积极性很高，获得的成效也很大。她从不及格到基本能稳住八十分以上，最终在学校的表彰大会上她连获两张奖状。在此过程中她深刻感受到了收获的喜悦，也获得了同学们的真心赞扬，通过这些事情小涵逐渐变得自信。

（四）提供展示平台

一个恰当的展示平台能让心理障碍学生感受到被重视和关注，也可以帮助他们在平台上找到志同道合的朋友，共同分享快乐、分担困扰，共同成长。学校和我都在积极为小涵创造展示平台。小涵通过参加学校和班级的各类活动，如绘画比赛、手工制作等，展现出她的才能和潜力。一年下来她逐渐找到了自己的价值感和归属感，也能接受自己的朋友拥有别的朋友。在展示的过程中她结识了很多新的朋友，体会到了拥有多个朋友的快乐。她不再要求他人只能拥有她一个朋友了，她的心胸逐渐开阔，有时她还会鼓励她的朋友积极去交友。

（五）营造良好的班级氛围

良好的班级氛围也是非常重要的。我会组织一些班级活动，增强班级凝聚力，让小涵感受到集体的温暖和支持。同时，我也会注重培养小涵的积极心态，鼓励她勇敢面对困难，积极寻求解决问题的方法。有了同学们的关心和爱护，小涵的笑容逐渐变多了，整个人都精神起来了。

（六）寻求专业帮助

我们应认识到自身专业知识的局限性，并主动寻求专业帮助。我与学校的心理咨询师建立密切联系，定期交流小涵的情况，共同制定个性化的干预方案。通过交流我们更清晰地了解到，小涵心理障碍很大一部分原因是早期父爱母爱的缺失与爷爷奶奶的无条件溺爱。

（七）加强家校沟通

有效的家校合作，可以让家长和教师更紧密地协作，共同关注学生的心理状况，及时发现问题并采取相应的措施，让学生能够在一个更加和谐、友爱的环境中成长，能够更好地预防和治疗心理障碍。因此，我始终和小涵的父母保持密切的沟通，了解现有情况并和他们共同想办法统一家庭教育观念和改进教育方法。我建议他们多陪伴孩子，关注孩子的情感需求。在学校和我的不懈努力下，小涵的爸爸和妈妈决定轮流在家照顾她。有了父母的照顾和关爱，小涵从一天几次情绪崩溃，逐渐降低到一周一次，到后来的一个月一次……情况在一天天朝好的方向发展。

（八）构建支持系统

心理障碍学生的康复需要多方面的支持。我们要积极构建支持系统，包括与家长、任课教师、心理咨询师等多方合作，共同关注学生的心理健康问题。因此，我上报学校，并向学校说明具体情况，得到了学校大力的支持与帮助。学校为我提供了大量的资源，为我明确了方向；我主动与家长沟通，了解家庭环境对学生的影响，并争取到了家长的配合和支持；与任课教师合作，共同关注小涵的学习状况，提供必要的学业支持和辅导；与心理咨询师协作，为小涵提供专业的心理咨询和治疗服务，帮助小涵解决深层次的问题。功夫不负有心人，在多方的支持下，小涵的心理障碍得到了大大的改善。

（九）持续给予关怀

心理障碍学生的康复是一个长期的过程，持续关注学生的进步是必不可少的。我定期与小涵进行谈心，了解她的心理变化和需求，及时调整干预策略。同时，我会关注小涵心理发展动态，发现新的问题及时采取相应的措施。

在实施以上策略的过程中，我们需要保持耐心和信心，用爱心去感化学生，用智慧去引领学生。

四、育人成效

教育因爱变得伟大，小涵逐渐摆脱了交友的困境，占有欲也减弱了，变得自信开朗起来。她的学习成绩也有了明显的提升，从原来的后进生成长为班级中等生。在学校和同学发生矛盾时，小涵也能够积极调解，拥有了良好的交友心态。她的自信心和归属感得到了显著增强，整个人也变得更加积极向上，热情开朗了起来。

作为班主任，我们应该关注每一个学生的成长和发展。尤其是对于那些性格内向、缺乏自信、缺少父母陪伴的孩子，我们应该给予更多的关心和帮助。用爱与智慧帮助学生克服心理障碍，激发他们的潜能，使他们的身心得到健康发展。

五、结语

"以爱为船，智为帆"。爱是我们心中的力量，就像船一样载着我们驶向梦想的彼岸；而智慧则像帆一样，帮助我们驾驭风浪，找到正确的方向。所以，只要爱在心中，在智慧的加持下，我们定能乘风破浪，取得成功！

案例叙述人 ▶

　　谭芳芳，芙蓉学校五年级班主任、体育老师，中小学二级教师。工作以来，多次获得"优秀班主任""优秀教师""先进工作者"等称号。2023年上学期荣获"株洲市基础教育精品课"二等奖；2023年在茶陵县第三十三届中小学生运动会筹备工作中荣获"优秀个人"称号。

小学低年级班级管理小妙招

小学低年级阶段是学生养成良好行为习惯的关键时期，是思想品德塑造的重要时期。这个阶段的孩子对事物的认知还处于较低的水平，观察事物缺乏正向思考，规则意识较为薄弱。这就需要我们教育工作者通过高效的教育方法和管理手段，引导学生形成良好的学习态度与习惯，树立正确的世界观和价值观，促进学生健康全面发展。

一、案例简述

今年，我接手了一个一年级的新生班。班级中的孩子们活泼可爱、纯洁善良、好奇心强。由于年龄小，学生的自制能力差、规矩意识也不强。

二、案例分析

小学低年级的学生告别了以游戏为主的幼儿园学习模式，迎来了以课本为主的学习模式。由幼儿园转换到小学阶段，环境变化和规章制度的变化，再加上学生的自主意识、行为习惯以及自我约束能力相对来说比较薄弱，学生无法快速适应。这需要通过一系列措施帮助学生逐步适应新环境，尽快养成良好的学习习惯和行为习惯。

三、育人策略

（一）抓住契机，完善班级的管理

1. 落实常规，养成良好行为习惯

班级的常规管理是营造良好班级氛围的重要途径。班主任想做好班级常规管理工作，可以从以下几方面入手：明确晨读、晨扫、升旗、集会、上课、午休等日常活动的具体要求；严抓班级及学生个人的卫生、纪律、学习等方面的行为习惯，做到每日一小结，每周一总结；从细节抓起，反复抓、抓反复，不断落实常规管理，以此规范学生的规则意识，培养学生良好的行为习惯。

2. 培养班委，为班级撑起半边天

班级管理工作由班主任和班委干部共同承担。班主任在班级管理工作中扮演着指导者的角色，而班委是班级管理工作中不可或缺的一部分。班主任要想管理好一个班集体，就必须有意识地培养班干部的责任意识和管理能力。在学期之初，通过学生自荐、学生推荐、教师举荐等方式来构建班委会。班委会成立后，班主任要对班干部的行为规范和职责范围进行讲解、培训，对班干部如何参与班级管理进行方法的指导，密切关注班干部在实际管理过程中出现各种的状况，对存在的不足给予耐心指导，从而培养班干部的自主管理能力，发挥其在班级管理工作中的重要职能作用，为班级管理工作的有序、有效开展夯实基础。

3. 各司其职，让班级人人有事做

班级管理工作和学生有着千丝万缕的联系。如果事事都由班主任亲力亲为，班主任将难以从繁琐的班级工作和日常的教学任务中抽身，势必在工作中忙得焦头烂额。从学生角度来看，如果班主任时时像保姆一样帮学生解决问题，学生将缺少自主意识，丧失主动性。如此，学生核心素养的培养效果将大打折扣。为了培养学生的主动意识，发挥学生的主观能动性，确保学生都能积极参与到班级管理工作中来，可以实行人人有事做，事事有人管的制度。例如：有专人负责讲桌的整理、桌椅的摆放、卫生角物品的摆放、电器的管理、图书的管理、植物角的管理、课后安全执勤等。通过专人负责的方式将班级事务细化，每个学生都能成为班级的小主人。以此培养学生的责任意识和集体荣誉感，锻炼学生的自主意识。

4. 积分管理，让管理更高效

小学阶段的学生自制力较差，自主管理能力相对来说较弱。运用行之有效的班级管理方法，才能够实现高效的班级管理，才能为学生将来的学习生活奠定良好的基础。积分管理模式是一种将条文规定转化为自主管理的科学手段。将积分制运用在小学班级管理中，通过对学生日常的行为表现进行多元化的评价，并给予相应积分，不断规范学生的日常行为习惯。经过一段时间的积分积累，再通过积分兑奖的方式，学生的积极性得到了极大的调动，兴趣也有所提高。学生从"要我做"转变为"我要做"，主动地参与到自己的学习、生活管理中。

（二）细处关爱，亲近学生

1. 可攻可守，亦师亦友

小学低年级的学生对老师十分信任和依赖。班主任通过和学生建立互相信任和尊重的师生关系，可以极大提升班级管理工作的实效。作为一个低年级的班主任，要善于去倾听学生的心声，让学生能够感受到被重视和认同。班主任可以多了解孩子们的喜好，在课间与他们一起做游戏，交流他们喜欢的动画片剧情，唱他们喜欢的歌曲，拍照记录与他们共同经历的日常生活等，提高彼此之间的互动和联系。这些看似微不足道的举动，在学生的心中能激起巨大的涟漪，能够不断地激励学生的自信心。班主任在这个过程中也会收获一批"粉丝"，为班级管理工作奠基了良好的群众基础，让教育教学工作能够顺利开展。

2. 平等公正，关爱每个孩子

每个学生都具备自己鲜明的个性和亮点，都具有独一无二的禀赋和才能。"个性化"教育理念要求我们要尊重每个学生的个性、兴趣、能力和潜力。作为教育工作者，我们要关注到每一个学生。无论学生是聪明或是愚笨，乖巧或是顽皮，都要公平公正地去尊重、去理解学生，要善于发现每个学生身上的闪光点和特色，并通过针对性的教育方法和管理手段，帮助学生全面发展，让每个学生都能在友爱的环境中自信、快乐地成长。

3. 俯身指导，帮助成长

小学低年级阶段的学生，不论是生理或心理都尚未成熟。他们对事物的感知还处于初级阶段，在思维上和行为上还比较幼稚，常常依据老师的评价来衡量事情的对错。这个阶段的学生具有很强的"向师性"，教师的处事态度和言行举止都会成为学生效仿的对象。这正需我们教育工作者以身作则并弯下腰去指导他们的学习。在教育管理过程中，通过运用直观、具体的方式，系统性、灵活性地去引导学生正确看待事物，锻炼学生的正向思维能力，帮助学生树立正确的道德观念，不断强化和提升学生的感知能力，让学生接触更多有益的事物。

（三）抓住优点，激励成长

希望得到称赞和肯定是每个人都具备的一种心理特征。我们作为教育工作者，应当充分利用学生的这一心理特征来影响和改变他们。在班级管理中，教师要善于挖掘学生的优点，多表扬和肯定学生。当学生受到表扬时，他们内心会十分开心，很有成就感，情感上也更乐意听老师的教导，更亲近老师，行为上会力求做到更好！因此，教师在平时的班级管理中，应以表扬、鼓励为主，多采用"你真棒""真细心""爱思考""会表达"等话术去夸奖学生。还可以采用给家长写表扬信、给学生颁发奖状等方法去增强学生自信心，最大限度地调动学生的积极性和主动性，用具体化的方式、方法有针对性地激励学生，让学生在宽松、愉悦的环境中自信成长。

（四）借助活动，打造优良班集体

一个良好的班集体能发挥导向和育人的功能，对班级整体的可持续发展和学生个人的健康成长起着潜移默化的作用。为了让低年级的孩子更快更好地融入集体，感受班集体的力量，最终形成团结友爱、互帮互助、积极向上的班集体，班主任可以在班里多举办一些增进集体凝聚力的活动。例如：集体劳动、集体游戏、为班级过生日的孩子共同庆生等。同时，班主任应引导学生积极参与学校组织的各类竞赛活动。通过团队协作、共同努力，他们能够意识到自己不是一个人，而是共同体中的一部分，从而打造一个极具凝聚力的优良班集体。

（五）扬帆起航，家校携手向未来

苏霍姆林斯基说过："最完备的教育是学校与家庭的结合。"学生的成长除了依托学校教育之外，更重要的是家庭教育。所以教师除了进行日常的班级管理工作之外，还应勤和家长沟通，力求取得家长的通力配合，形成教育合力，共同解决学生的问题。班主任可采用多种途径和方式与家长进行沟通。例如：可以借助家长会、家校活动、家访等时机，与家长进行面对面沟通；还可以借助微信、QQ、电话等平台，与家长进行在线交流。班主任及时将学生的课堂常规、学习习惯、行为习惯等在校表现反馈给家长，有利于家长全面了解自己的孩子。班主任与家长针对孩子的特点与存在的问题，进行积极的正面引导。在沟通过程中，只有家长感受到老师的责任与诚意时，才会更加乐意配合学校的工作。

五、育人成效

经过一系列的措施，我班的班级事务如今井然有序地进行着。学生们相处和谐，积极向上，团结协作，逐渐形成了良好的班级氛围，塑造了良好的班级形象，形成了一个极具特色的班集体。

在对低年级的孩子进行班级管理时，班主任要根据他们的心理和生理特点，采取灵活的、有针对性的方法进行管理，努力调动他们学习的积极性、主动性和创造性，唤醒学生的责任感、使命感、成就感及主人翁意识，培养学生的自我管理能力。班主任作为班级的引路人、引领者，要宏观把握班级的动向和发展，及时对班级进行调控，这样才能使我们的班级管理工作更有效率。

案例叙述人

　　谭逸琳，中小学二级教师，从教以来一直担任班主任工作，潜心教学，关爱学生。曾获湖南省集体备课赛三等奖、株洲市磨课案例一等奖等荣誉，曾被评为茶陵县优秀少先队辅导员。

波澜不可惊，浪花亦芬芳
——记一个困境学生的转化

那年，我去看海，观海之浩瀚，悟人生之道；赏浪花之壮美，遐想无限。一朵别致的浪花突然掠起，我被深深吸引。

一、案例简述

从事教育事业的第三年，我中途接手一个初三班级，担任班主任。开学第一天，一位学生尤为引人注目。他穿了一身黑衣服，身上有多处文身，顶着一头黄发，说话非常嚣张。在报名时，他极其急躁，一直在催促我。报名结束后，本应参加班会活动，可他一直说自己要马上回去，声称如果他不回去，他爸爸会开车冲撞他，或以利刃相向，这番言论让我胆战心惊。于是我马上联系家长了解情况，知道事情并非如此，我悬着的心也就放下了。后来他坦言他就是想回去，不想在学校。初次见面，桀骜不驯的他就像是汹涌澎湃的浪花猛烈地拍打在我身上。

二、案例分析

为了全面地了解他，我向他之前的班主任了解他的情况，金老师和我说了很多。总之，一言难尽。在后面的交往过程中，我见证了他的种种行为：上课迟到、睡觉，还经常与老师顶嘴；中午午休经常走出教室，长时间待在厕所抽烟等。我尝试去劝说他，他总是非常激动暴躁。这些不良行为归根结底就是他不想读书。于是我多次与他父亲联系，他父亲反映：他常与一些社会不良人士待在一起，不回家，对家人的关心置若罔闻。他认为与社会人士交往是一件值得自豪的事。但近墨者黑，随着时间的推移，他的厌学情绪慢慢凸显。在我与他的沟通中，我了解到他把人生目标简化为金钱——家长给他钱，他就去学校，不给他钱，他就将手机等物品拿出去卖。在了解他的过程中，我发现他的不良行为基本上是受社会青年的影响。这些不良的影响就像海上弥漫的云雾，而云雾的遮掩只是推波助澜的原因之一。

我又多次与他父亲沟通，了解到他父亲曾经在煤矿公司上班，家庭幸福，条件优越。可不幸的是，他父亲发生了一次重大车祸，身体落下了疾病，脖子都不能转动，只能靠放羊谋生。自此，他父亲性情大变，后来他父母离了婚。在我与他父亲交流之中，我还发现，他的父亲性格较为急躁，动不动声音就大起来了，尤其是讲到孩子时。听他奶奶说，在教育他时，他父亲动辄打骂，这些经历也就塑造了他现在的性格。狂风的怒吼让浪花更加急躁，所以他在学校也常与人发生冲突，性格非常急躁，言语与行为上与其父亲极其相似。

乌云密布，狂风怒号，促使这束浪花更加汹涌且猛烈，但我坚信浪花亦是花，他终究会绚丽无比地绽放。

三、育人策略及成效

综上，我们从家庭、学校、社会三方面入手，助他迎风绽放。

（一）家庭——风平则浪静

在家庭教育中，家长的行为举止能够产生言语所无法达到的效果。首先，我从他父亲入手，利用家访的机会，与他父亲聊聊生活日常与工作，根据每一次情况给予建议。每月一两次的家访，不仅传递了温暖也打动了他父亲。接着，我建议他父亲为孩子树立榜样，不要随随便便发脾气。他父亲也慢慢地放下心中的芥蒂，纠正自己的行为，积极正能量地生活，成了海面上平静且温柔的风，风轻抚着浪花，浪花也顺着风的方向。

（二）学校——坚实海岸，拥抱浪花

平时在学校，我一有空闲时间就找他聊天，试图让他面对这些不足，敞开心扉，但他总选择逃避。一直以来，我们的状态就是"他逃我追，他插翅难飞"。由于这个孩子经常请假，请两次假，我们就去家访。我还记得，第一次家访时，他把自己锁在楼上房间里睡觉。他爸爸叫了很多次，他都不肯起来见我们，但他的拒绝并没有让我们放弃。于是就有了第二次家访，我们去到了他的卧室，他起来了，但只与我们说了几句。我想：更多的关注可能有更大的转变，于是我寻求了学校的帮助。第三次家访，在陈书记的带领下，周主任和我再次造访。陈书记给了家长一些建议：让家长从细微处入手，观察孩子的作息时间、爱好，试着让孩子调整作息，按时吃饭，也建议家长利用饭桌上的时间，与孩子聊一聊日常生活中的事，听一听孩子对待一些事物的看法，在平等的交流中疏通亲子关系，帮助孩子排解情绪。经过一系列的努力，他行为上有了较大的改变，会与家人一起吃饭，其父亲对他的了解也更加深入，家庭氛围的融洽让该生的心智也慢慢成熟。有时，他也会主动找我聊聊天。对于困境学生，我们要做坚实的海岸，张开宽厚的臂膀，做浪花的后盾，接受他的汹涌澎湃，温柔地拥抱他，细嗅他的芳馨。

（三）社会——拨开云雾，清波碧浪

其实在一次又一次的家访中，地方政府和村委也发挥了重要作用，他们和我们一起进行家访，对家长和学生进行沟通疏导；拨开云雾，暖阳照耀，为浪花的绽放创设美好融洽的社会环境。

非常惊喜的是：中考前夕，这个孩子主动向我请教如何填写中考志愿。中考前一天，从不写作业的他竟然还在微信上请教我如何写作文，其中他有一句话让我印象特别深刻，他说：唯亲情永不下岗。毕业后，他也会在微信上与我畅谈他生活中的点点滴滴，还关心我的生活与工作情况。

我想：在观赏大海时，我已经闻到了浪花的芳馨！

案例叙述人

颜彦欣，茶陵县芙蓉学校九年级班主任兼语文老师，中小学二级教师。参加集体备课大赛荣获湖南省二等奖。

做一个擦星星的人

——家校共育好习惯养成记

美国诗人谢尔有这样一首小诗：《总得有人去擦星星》。

　　　　总得有人去擦星星，
　　　　他们看起来灰蒙蒙。
　　　　总得有人去擦星星，
　　因为那些八哥、海鸥和老鹰
　　都抱怨星星又旧又生锈，
　　　　想要个新的我们没有。
　　所以还是带上水桶和抹布，
　　　　总得有人去擦星星。

在去年，我就遇见了这样一颗黯淡的星星，而我则成了那个擦星星的人。

一、案例简述

小男孩长得非常帅气，像韩剧男主少年版，个子不太高，人却古灵精怪，他就是我们班的"名人"——苏苏。上课时他的手上总有事可"忙"，一会儿用铅笔戳戳橡皮，一会儿给书上的插图再补上几笔。开学以来，我对他的印象一直在更新，你批评他时，他总是先否认自己的过错，再用可怜巴巴的眼神望着你。我让他认真做题，他虽口头爽快答应，但动那么两下立马又去做别的小动作了。上课时手脚从没安分过，老师一转身他就在教室里张牙舞爪，下课时捉弄女同学，追追打打的危险游戏里从来少不了他。第一次课堂练习，不出所料，他的成绩很不理想。这是我第一次带一年级的孩子，刚开学，碰到这样的孩子我感觉十分头大，还没有找到对应的方法时，各任课老师的告状声已经不绝于耳。

二、案例分析

在我与苏苏的妈妈进行了电话家访后，我得知苏苏是家里的第二个孩子，因为父母工作太忙，小时候由爷爷奶奶带，隔代溺爱，想要什么都满足，要做什么都允许。苏苏妈说在幼儿园时就经常接到老师的投诉电话，这已经成为她的家常便饭。她还发现苏苏比别的孩子更活泼好动，坐不住，只有睡觉的时候最安静。于是我委婉地建议苏苏妈带孩子去医院做个检查，去年她抽空带孩子去了医院，苏苏被确诊为注意力缺陷多动障碍，也就是俗称的"多动症"。

三、育人策略

一年级正是培养好习惯的黄金时期，了解情况后，我开始在网上寻找各种缓解多动症的方法，并且向多位有丰富一年级教学经验的资深老师请教，准备对症下药。首先，为了让他上课时不影响其他的同学，我安排他单人单座，紧接着我和他进行了一次又一次的谈话，我把他叫到办公室，想让他在谈话中懂得集中精力认真学习的重要性。费尽心思的交流还是取得了不错的成效，在第五次谈话中，他垂着头对我说："老师，我不是故意这样的，我就是控制不了我自己。"这时我才明白，面对注意力缺陷多动障碍的孩子急不得。多动症的孩子不是故意如此，而是时常克制不住自己的行为。于是，这次谈话我和他做了约定，在课堂的 40 分钟里，我并不要求他完全关注课堂，允许他自己戴手表计时，在课堂上我会给他多一点关注，每当讲到重要内容时，我会稍作提醒要他接下来认真听课了。20 分钟的重点内容听完后，我可以允许他"自我放松"。上课期间我也会出其不意地点他回答问题，在他回答正确时及时给予表扬，这不仅提高了他的学习积极性，还能够及时了解他对本堂课内容的掌握情况。

教师是连接家长与学生的桥梁，我们应当深入了解家长与学生，做好家长和学生之间的沟通工作，使家庭教育和学校教育能够和谐统一，使学生得到较好的发展。因此，我也时常和苏苏妈妈保持联系，请求她在家里督促孩子做好专注力训练，除了医生给出的建议，我也给她提供了小方法：（1）把时间分段，让他在短时间内高效地完成任务。（2）每晚坚持坐姿练习。在与苏苏的家长沟通时，我没有一味地说苏苏的缺点，而是让家长知道苏苏的优点，同时将他身上的问题实事求是地、客观地告知家长，提示家长采用温和、恰当的教育方式。因为在对家长叙述时，只有给予学生更多的正面肯定，才能更好地取得家长的信任，让家长有同我一起努力的信心和决心。

四、育人成效

在我与苏苏家长的共同努力下，苏苏的情况有了很大的改善。

他在课间也不像从前那样闹腾了，和同学的矛盾也变少了，还交到了知心的朋友。经过多方面观察、调查以及其他老师、同学的反馈，他在其他的课堂上也能够认真听讲，做全笔记，有不懂的问题还会主动向老师询问。苏苏妈也欣喜地表示，孩子好像变了个人，会主动分担家务，做作业也不需要催促，变得非常自觉听话。练坐姿也从之前的五分钟到十五分钟，课堂的专注时间也从二十分钟逐渐增加到一整节课。苏苏慢慢地"静"下来了。经过三个月的综合练习，苏苏的成绩突飞猛进，从后进生一脚跨入优等生的大门。苏苏妈说看到现在的苏苏真的感到十分欣慰，因为孩子学习态度好，生活习惯也越来越好。寒假期间，苏苏妈发来了感谢短信，她说苏苏已经能够独立自主地完成家长、老师布置的各项任务！苏苏妈十分感谢我，她说能遇到一个负责任，真心实意对每一个孩子好的老师是孩子成长路上最大的幸事。我也十分欣慰，在我第一次教一年级，毫无经验的情况下，陪着孩子们长大，看到他们成长中大大小小的变化，看到他们越来越好，我也是成就感满满。同时，我也很感谢家长的支持，因为这不是我一个人的功劳，这是家校共育出来的美好成果。

有个朋友曾经和我聊天时说：做教师等于同时兼顾多项职业。的确如此！如果你问我做老师累吗？我的回答一定是肯定的。但是天底下有哪一项工作是不累的呢？干一行爱一行，当你用心去对待你的工作时，你总能在其中感受到别样的温暖。在我帮助孩子们的时候，他们何尝不是在深深地影响着我。每一个孩子都有他的闪光点，如果老师过多地关注孩子的缺点，那对孩子来说是不幸的。只有用赞美的眼光去看待每一个孩子，孩子才能在老师的认可中找到成功的体验。虽育人不易，但现在的我却乐在其中，因为我知道，一朵朵美丽的"芙蓉花"正在我的精心呵护下慢慢绽放！相信未来的他们也一定如星星般耀眼！

案例叙述人

段玉洁，茶陵县芙蓉学校一年级班主任，语文老师，中小学二级教师，茶陵县心理健康教育名师工作室成员。工作以来多次获得"优秀教师""先进工作者"等称号。

心中有爱，静待花开

——做一个有爱的老师

教育的真谛，在于以人格的力量去触动另一颗心灵。多年的班级管理经验告诉我，"尊其师，而信其道"是有道理的，只有让学生认同老师，他才会听从老师的教导。教师做到心中有爱，走入学生内心，才是改变一个学生的关键。

一、案例简述

（一）基本信息

王超（化名），13岁，七年级学生。小时候家庭富裕，父母在外打拼。后家道中落，父母离异，他由母亲抚养，父亲定期支付生活费。

（二）案例详情

开学不久，我就察觉到，王超是个"问题学生"。

刚入学的时候，王超表现得中规中矩。随着时间的推移，他的坏习惯也渐渐显露：上课搞小动作，讲小话，睡觉。我时常找他谈话，但是他仍旧没改变。

某日第4节课结束后，任课老师跟我说，在布置作业，未宣布下课之时，王超就离开了教室，老师要求其回到座位，他未理睬。

我去找王超谈话。见他在走廊追打同学，我立刻上前阻拦。他不听我劝阻，还是执意要打同学，揪着同学的衣服不放。

某日第 6 节课下课，任课老师跟我反馈了王超在课堂上的不当行为——他竟坐在课桌上，不尊重老师。

（三）学生情况分析

每个班都会有问题学生。问题学生的产生一般而言有以下几个方面的原因：

（1）家庭环境：家庭不和睦、父母教育方式不当、缺乏关爱或溺爱等；

（2）学校教育：教师教育方法不当、学校管理宽松或过于严厉、缺乏个性化教育等；

（3）社会影响：接触不良信息、受到不良社会风气侵蚀等；

（4）自身因素：认知能力发展不足、心理发展不成熟、缺乏自控力等；

（5）人际关系：与同学、老师关系不融洽，导致情感上的困扰；

（6）学习压力：学习困难、成绩不佳导致挫败感，进而引发行为问题。

而王超同学几乎涵盖了上述所有方面。

二、育人措施

（一）知己知彼

开学之初，我就向领导、同事及学生了解班里孩子的情况。了解哪些人可堪大用，哪些人是"刺头"。其中王超以前就是学校里的"风云人物"。

（二）识人用人

王超基础差，学习习惯差，要提高他的成绩，千难万难。如果仅仅是让他遵守纪律，为班级做贡献，或许可行。我决定让他成为我的助手，让他为班级做一些力所能及的事。

我给王超安排了两个任务：一是领路队；二是搬牛奶（营养餐）。他每次都能积极主动地完成任务。这样，他很快就获得了老师和同学的认同。

（三）动之以情，晓之以理

我宽容对待学生的过错，能够接受学生的"问题"。针对王超的小问题，我时常找他谈话，动之以情，晓之以理。短时间内，他有所收敛，但时间一长，又不能约束自己。我心里清楚，改变一个人没那么简单。但是不能放任不管。

我把他座位调到讲台边上，希望在老师的监督下，他会有所改变。结果他仍旧没改，还影响到老师上课。于是，我把王超座位调到第三大组后面。

（四）家校共育

王超行为越来越乖张，不听指挥，不服管教。我联系了家长。

从家长处了解到王超的一些情况。由于家长长期不在身边。一方面，他生活独立，晚上放学回家会自己煮面吃。另一方面，他学习习惯差，导致成绩不佳；自控能力比较弱，做事随心所欲，不经思考。

家长教育方式比较单一，只会跟孩子讲大道理，不听话就打，以致孩子的性格也比较偏激。

我先向家长说了他表现好的地方，比如"路队带得好"，"口号响亮"受到领导表扬，"给同学搬牛奶"任劳任怨，"帮老师做事”积极认真。然后讲了他存在的一些问题。

对于孩子犯的错，家长让老师严厉批评、惩戒，让孩子丢脸，以激起孩子的羞耻心。我跟家长说，要维护孩子的尊严。孩子自尊自爱，老师和家长就好教育。如果孩子变得麻木不仁，我们就教育不了了。通过沟通，家长也认可了我的观点，并承诺要改变教育方式，和我一起努力教育好孩子。

（五）教育惩戒

王超的任意妄为，在班里造成了不良影响。我解除了他的职务，责令他在班上作检讨，并要求家长陪读两日。惩罚的目的在于震慑，提高学生的犯错成本。这样他们在犯事之前就会考虑值不值得。

（六）客观评价

为了表彰学生的优秀表现，我决定给他们颁奖。评选项目有“优秀作业”“表现优秀”“老师好帮手”等。

我决定给王超颁一个“老师好帮手”奖，表彰他积极、主动为老师和班级做事。虽然他犯过错，但是他的“功劳”是有目共睹的。这也给其他学生传递了一个信息：表现好，为班级做事也能得奖。

（七）谅解学生

由于不尊重老师，王超被解除了职务。这也使得他毫无用武之地。后来，王超找我，说能不能让他继续领路队。我说，看你表现。有段时间，新领队倦怠了，我顺势叫王超过来领路队。借此机会，王超又开始领路队了。

三、育人成效

领路队、搬牛奶两项“职务”的任命，让王超同学实现了自己的价值——为我班加过分，还受到领导表扬。这也是他自豪的地方。

对王超实施的教育措施遏制了他任意妄为的想法。在之后很长一段时间里，他没有大的违纪行为，也没有不尊重老师。

有一次放学，我送路队离校。王超妈妈走过来握住我的手说："刘老师，真的感谢你。王超现在有很大的转变。"那一刻，我真切地感受到老师对一个学生产生的影响。

四、总结反思

这是我班主任工作中的一个真实案例。从这个案例中，我总结了以下几个经验：

（1）沟通交流，知己知彼。我们要了解学生，才知道应将学生培养成什么样的人，才知道如何对待学生。所以处理"问题学生"不能简单蛮干。

（2）心中有爱，赏识教育。人类本质中最殷切的需求是渴望被赏识，孩子渴望得到父母的认可，学生渴望得到老师的欣赏。许多学生并不是一无是处，他只是学习不行。把他放到对的地方，他也能发光出彩。

（3）家校共育，适当惩戒。教育不是单打独斗。加强家校沟通，实现家校共育是教育孩子的关键步骤。惩戒是为了震慑。如果违纪行为得不到惩戒，那么违纪行为就会泛滥成灾。

（4）多元评价，寻找优点。每个人都有优点，有缺点。我们要善于发掘孩子的优点，并把它放大。让孩子的优点得到正向反馈，让优点盖过缺点。如果人人都能发扬优点，隐匿缺点，那么整个班级就会欣欣向荣。

（5）人无完人，及时谅解。学生总会犯错，还可能反复犯错。老师要有心理预期，不要焦虑，接受犯错的学生。当学生改过自新的时候，老师要及时谅解。如果每个学生一犯错，就把他归到不可救药，那么，"坏学生"就会越来越多，班主任工作就会暗无天日。

教师是人类灵魂的工程师。我们肩负教书育人的使命，责任重大。我相信，只要心中有爱，用爱指引学生，用爱感化学生，那么无论怎样，我们都能够从容应对。

案例叙述人 ···➤

刘金贵，茶陵县芙蓉学校七年级班主任，数学教师。2014 年撰写的论文获县级一等奖；2017 年、2022 年获校级年度"优秀教师"称号。

化身为蝶，领悟幼虫的成长轨迹

踱步流年的诗行，风绕枝，花抱香，溪水越石，松涛入怀。从踏进教师领域的那一刻起，我便怀着满心的欢喜，满怀的情意。也许个人的力量是渺小的，但我知道，有一种教育虽然无言，但它用真诚书写；有一种人生的美，它虽不惊天动地，却可以制造传奇。这就是陪伴教育！如果可以，我愿做一只蝴蝶，陪伴着这群毛毛虫一起成长。

一、案例简述

轩轩，个头较高，皮肤黝黑，乌黑发亮的眼珠瞧着你时总滴溜溜地转。他喜欢时常盯着一处发呆，你不知道他在想什么，他性格甚至可以用孤僻来形容。轩轩是二年级从乡下转到我们班的，对一年级的知识几乎一无所知，和我的对话也仅限于一些简单的交流，更多时候他都是只笑不语，一篇很简单的课文对着拼音读都不会，当我第一次喊他写作业时他甚至把本子都给撕了，所以我对他的要求会低于其他学生很多。一个才读二年级的学生，对学习如此排斥，我还是第一次碰到，甚至有点不知所措。直到有一天早读的时候，我还是像往常一样安排领读，齐读完以后，让学生自由背诵古诗。在我巡视的过程中，我发现坐在角落里的轩轩怯生生地向我说着什么，声音低得几乎听不到说话的内容。我径直走到他身边，弯着身子问了三遍，才听清楚他的言语。原来，他把昨天学习的古诗全部背会了，要背给我听。听到这里，我有点吃惊。要知道，这个孩子在平时的背诵中没有一次能过关，他能主动要求背诵真是难得。于是我赶紧让他背诵，昨天新学的古诗他竟一字不错地都背出来了！我又惊又喜，这个从来都不读书的学生竟然没有出一个错。我用赞许的目光看了看他，并大声对他说："你真棒！"他竟然红着脸抿着嘴笑了，也许这是他转学过来后一个多星期中第一次真正轻松地笑，这是发自内心的满足和自豪。这件事对我触动很大，我忽然明白"毛毛虫"也在朝目的地前行，只是爬得比较慢，没关系，毛毛虫总会蜕变成蝴蝶。

二、案例分析

毋庸置疑，想要培根铸魂，启发学生，必须先润泽他的心灵。于是我马上展开了行动，明面上，继续观察轩轩的表现，寻找契机；私下则旁敲侧击，询问同学，联系家长。最终，找到了孩子出现这些问题的原因。

（一）家庭突变

从他家人口中得知，一切变化源于家庭的突变。父母在孩子刚步入小学的时候离婚，轩轩一直由爷爷奶奶在乡下抚养。老人家没有文化，未能给予他恰当的教育引导。

（二）父母的无视

爸爸外出打工从不过问孩子的情况；妈妈虽然偶尔打电话问候，对孩子的教育并未给予重视。这导致了孩子的行为习惯和学习习惯存在诸多不足。

（三）自卑感的产生

从小父母离异、生活在农村的轩轩甚至连基本的普通话都不会说。轩轩转到县城读书后他与同学之间的交流有了阻碍，内心感到无助、自卑，缺乏主动学习的自信，也缺乏融入班集体的勇气。

三、育人策略

深入了解轩轩的情况后，我对他倾注了更多的关爱。冰冻三尺非一日之寒，轩轩的改变也绝非短时间内可以看到成效。唯有牵着轩轩，陪着他慢慢地走，才能把这条长长的路走稳、走好。

（一）融入孩子的友情圈

我与轩轩周围的孩子们建立了长线沟通，希望众人群策群力，一同帮助轩轩。我发现他与新转来的另一名学生关系甚好，于是我便私下找到那位同学，告诉他轩轩当他是唯一的好朋友，希望他能与轩轩维持好这段友谊，并且恳请他在生活和学习上给予轩轩更多的照顾、扶持、开导，有任何事情及时告诉我。

（二）给予孩子更多的鼓励和关爱

课间空闲时，我会把轩轩喊到身边，让他坐下，同他平视着聊天；课堂互动时，我会时时让他感受到我的关注，哪怕只是一个赞许的眼神、鼓励的微笑，都足以传递我的支持与鼓励。

（三）与家长建立沟通的桥梁

此外，我还重视与轩轩妈妈建立起沟通的桥梁，我几乎每天跟她进行交流，反馈轩轩在学校里的一切情况，不管好与差，我都一一如实反馈，哪怕是表现特别差我都会实话实说。我认为家长需要知道孩子的真实情况，我们老师需要带着一份真诚与家长沟通，家长看到老师的用心也会毫不犹豫地与老师配合。

四、育人成效

在我们的群策群力下总算是有了一些成效。轩轩不再抗拒他人的善意，不再游离于课堂之外，在学习道路上不再是孤军奋战。在大家的共同努力下，轩轩开始和更多的孩子们玩耍，课间能看到他开心的笑脸，操场上能看到他游戏的身影，课堂上也能看到他渐渐举起的小手。这场"救援行动"终于在轩轩的成长之路上起到了积极的作用。作为"蝴蝶"的我也从这件事开始反思，终于领悟到"毛毛虫"蜕变的真谛。

面对性格复杂的孩子，唯有不急不躁，善于捕捉契机，才能让改变真正发生。事实上，这场行动扶持了轩轩，更警醒了我。我深知每个学生都是独立的个体，他们必然存在各种差异，都有自己成长的速度。作为"蝴蝶"的我，我能给予的，就是去爱每一个孩子，让他们在爱的怀抱里无忧无虑地蜕变，茁壮成长，直到找到属于自己色彩的翅膀。

案例叙述人

　　贺泽英，茶陵县芙蓉学校二年级语文老师兼班主任，中小学二级教师，参加工作至今一直担任班主任工作。曾荣获"先进工作者""优秀班主任""优秀教育工作者"等荣誉称号。

用心浇灌，芙蓉花开

"没有一朵花，从一开始就是花。"一朵花的开放需要经历种子的播撒、阳光的照耀、雨水的滋润……最终才能破土而出，展现它的美丽。每一个生命都需要经历成长的过程，才能绽放出最美的光彩。

一、案例简述

在我的班上，有这样一位学生，上课永远小动作不断，课本上没有一页是完好的，空白处被他画满了奥特曼，甚至还会在课堂上随意走动。在课间，他时常用"攻击性"行为欺负同学，比如撕烂同学的衣服、咬断同学的橡皮、弄湿同学的课本等。处于一年级的他，在同伴中显得格格不入。每天我都能听到同学跑来告状："老师，他打我。""老师，他往我脸上吐口水。"因为他和很多同学频繁产生摩擦和争吵，所以他的脸上时常带着小伤口。

二、案例分析

（1）个人因素：通过在学校对他的留心观察，我发现他上课经常发呆走神，导致基础知识不太扎实，学习得不到成就感，进而对学习失去了兴趣。来到学校后，在课堂上找不到存在感，于是他总是不考虑别人感受，在课间去招惹其他同学。

（2）家庭因素：今年这一批孩子大多来自二孩家庭，家长们对孩子格外地重视与关爱。然而，在一次信息填写的过程中，我意外发现，他是一个单亲家庭的孩子，母亲早早地离开了他，父亲也在他出生不久便远赴广州打工，过年才回来一次。在家中照顾他的，是年事已高的爷爷和奶奶，爷爷奶奶为了能让父亲在外减轻负担，即使到了古稀之年，也要出去打零工挣钱来维持生计。爷爷奶奶文化程度低，所以对孩子的学习情况也是无能为力。

（3）教师因素：因频频收到有关这位学生的投诉，我在事情刚有苗头时没有及时了解原因就急于下定论，导致这位学生逐渐产生失落感。在老师这里他得不到肯定与表扬，渐渐地，他也开始质疑自己的能力与水平。

三、育人策略

（一）用心发现，聚焦问题

在发现这个孩子的异常举动后，我先去同班上其他同学了解他在他们心中的形象，再邀请他到办公室进行了亲切的交流，询问其原因。经过一番询问才得知，原来他只是想跟别人一起玩，但是由于一直没有朋友，所以不知道应该如何与同学相处。与此同时，我也积极与家长进行沟通，了解他在家的情况。

（二）用心呵护，倾情辅导

对这个孩子行为表现和家庭情况有了了解后，在一些日常的休息时间，我便再次邀请他来办公室进行温暖的交谈，鼓励他尽量说出心里话。起初，他问我："老师，为什么我做得不对呢？"听到他的疑问，我耐心解释了原因，并且通过情景模拟的方式，让他体会其他人的感受。

（三）用心感受，助力成长

经过一段时间的心理辅导后，我明显感觉这个孩子精神状态好了很多，会和班上的同学一起分享零食并且一起玩。有时，当他犯错时，我会有意地淡化事情的严重性，并且引导其他同学对他予以宽容，让他体会同学之间的关心与友爱。因为这一方面的进步，他在学习上也有了自我要求。然而，由于前期基础知识落下太多，他实在跟不上来，于是我为他制定目标。从最开始的识字认读，到后面的背诵、听写，每当他取得一点进步，我就会在全班人面前对他进行表扬。渐渐地，他在课堂上的表现越来越积极。与此同时，我也积极地与家长进行沟通，帮助家长更加深入地了解自己的孩子并改进教育孩子的方法。

四、育人成效

经过一个学期的努力，这个孩子虽然学习上还不能达到班级平均水平，但上课已经开始认真听讲了，也能积极举手回答简单的问题了。也有一些让我感动的瞬间，当他第一次背出一首完整的古诗时，同学们发自内心地为他鼓起了掌，当全班只有他一个人没有过关时，同学们会跳着给他喊加油。他也逐渐融入集体，极少与人发生冲突，即便与同学之间产生了矛盾，也能用比较温和的方式处理矛盾。同学们会主动与他交朋友，他也有了属于自己的"朋友圈"，经常可以看见他的脸上洋溢着开心的笑容。

作为班主任，我们在平常与学生的沟通中，可以采用情感投资和捕捉闪光点等沟通技巧，以建立良好的师生关系。但是在这过程中，我们也要注意保护好学生的隐私。因此，在日常生活中，我们要不断提升自己的专业能力，为更多需要帮助的学生解决问题。为党育人、为国育才、以德施教、立德树人。用心浇灌，方能芙蓉花开，愿每一朵花儿都尽情绽放！

案例叙述人 ────────────────────────────▶

　　谭艺，芙蓉学校一年级语文老师，中小学二级教师。2021年荣获茶陵县"茶乡风采杯"片区课例解读二等奖；任教以来，多次获得校级"优秀班主任""优秀教师""教学能手"等称号。

第三辑

心灵启迪卷

用心用情温暖你

在快节奏的现代社会，心理健康已成为每个人不可忽视的重要课题。心灵的健康，如同璀璨的繁星，照亮我们前行的征途，让我们在生活的旅途中稳健前行。对孩子进行有效的心理健康教育，要像园丁精心呵护每一颗心灵的种子，让其在充满爱与关怀的环境中茁壮成长。我们应悉心倾听每个孩子的心声，解锁孩子们内心的困惑与迷茫；以团队活动为阳光雨露，让心灵在交流与合作中绽放光彩，帮助个体建立健康的心态，为孩子构筑一个和谐、积极的心理环境。

一、案例简述

班上有一个13岁的小女孩，名叫小丽，来自一个单亲家庭，与母亲相依为命。母亲由于工作繁忙，经常需要加班，对小丽的日常生活和学业关心相对有限。小丽家庭经济状况一般，社交圈子较窄。她近期出现了学习成绩明显下滑的情况，课堂上常常走神，作业完成质量也大幅下降。与此同时，她与同学之间的人际关系也变得微妙起来，经常因为一些小事情与同学发生争执。情绪上，小丽表现得越来越焦虑和抑郁，对集体活动失去兴趣，常常独自沉浸在思绪中。

二、案例分析及育人策略

在发现小丽的问题后，我认真观察小丽在班级中的日常生活表现，并全面了解她的家庭生活情况，力求挖掘出这些问题背后的原因。我发现，小丽成长在一个单亲家庭，缺乏父亲的关爱和支持，母亲因工作繁忙，难以给予小丽足够的关注和陪伴，导致她在情感上感到孤独和不安，这种家庭环境可能对小丽的心理健康产生了负面影响。同时，小丽性格内向、敏感，缺乏自信，她常常对自己的能力和价值产生怀疑，害怕失败和被人嘲笑，这在一定程度上使她在面对困难和挑战时容易产生焦虑和压力。

在同伴关系方面，小丽在人际交往中缺乏技巧和经验，她往往难以与同学建立起良好的关系，加上她的敏感和易怒，也经常导致同学对她产生误解和排斥。此外，学业上的挫败感和老师的期望也给小丽带来了沉重的心理负担，她经常忧虑自己的成绩无法达到母亲的期望，因此感到焦虑与消沉。

在了解了小丽出现问题的原因后，我意识到小丽的学习成绩下滑可能导致她对未来失去信心，甚至产生厌学情绪，也会对她的学业发展和未来职业规划产生负面影响。而在生活方面，小丽紧张的人际关系与情绪困扰可能会降低她的生活质量，使她感到孤独、无助和沮丧，这些负面情绪将影响她的身心健康。从心理健康的角度看，我认为小丽可能正处于心理危机之中。她的焦虑、抑郁和孤独感可能导致她出现自我评价降低、自我否定甚至产生自杀倾向等严重心理问题。

针对小丽的现状，我设定了以下辅导目标：改善小丽的情绪状态，增强她的自信心和社交能力；帮助小丽提高学习成绩，促使她重建对学习的兴趣和信心；优化小丽与同学的人际关系，促进她更顺畅地融入集体生活。结合这些目标，我采取了一系列的措施来帮助小丽走出心理困境，找到自我价值，实现健康成长。

（1）个别辅导与团体活动结合：每次课后，我都会留下小丽，与她一起坐在安静的教室里，面对面地交谈。起初，小丽总是低着头，声音细小得几乎听不见。但我并不着急，我轻声询问，耐心倾听，让小丽感受到前所未有的被理解和被关心。在谈话中，我逐渐了解到小丽的内心世界：她对家庭的渴望、对友情的向往、对学业的迷茫……每一次的倾诉，都仿佛是小丽心灵深处的一次释放。为了让小丽更好地融入集体，我设计了一系列团体活动，利用班会时间，组织同学们进行团队协作游戏。在游戏中，小丽被分到了一个小组里，起初小丽显得有些手足无措，但在同学们的鼓励和帮助下，她逐渐敞开心扉，开始与大家一起讨论、一起努力。在游戏的欢声笑语中，小丽的脸上露出了久违的笑容。这些活动不仅让小丽感受到了集体的温暖和力量，也让她学会了如何与他人沟通合作。

（2）家校合作与专业咨询融合：我深知，家庭是学生成长的重要环境，家长的支持和配合对于学生的心理健康至关重要。于是，我主动联系了小丽的母亲，与她进行了一次深入且细致的沟通。在沟通中，我向小丽的母亲详细介绍了小丽在校的表现和出现的问题，并表达了自己的担忧和关心，目的是希望小丽的母亲能够给予小丽更多的关爱和支持，帮助她度过这个困难的时期。同时，我也向小丽的母亲提供了一些家庭教育的建议和方法，希望家长能在日常生活中多与小丽沟通、多关心她的情感需求。在征得小丽及其母亲的同意后，我决定寻求专业心理咨询师的帮助，联系了学校的心理咨询师，为小丽安排了一次专业的心理咨询。在咨询过程中，心理咨询师运用专业的技巧和方法，帮助小丽识别和处理自己的负面情绪，提升她的自我认知和自我调节能力。同时，心理咨询师也与我保持密切的沟通，及时反馈小丽的咨询进展以及一些需要配合的事项。

在整个辅导过程中，我始终密切关注小丽的反应和变化，我发现，随着时间的推移，小丽的情绪状态逐渐改善，她变得更加开朗和自信；学习成绩也有所提升，她开始主动参与课堂讨论，积极完成作业；与同学的关系也得到了显著的改善，她开始积极参与集体活动并结交新朋友。这些变化让身为班主任的我深感欣慰和自豪，也坚定了我继续支持和关怀小丽的决心。心理健康教育是一个长期而持续的过程，需要不断地追踪与调整策略。因此，我继续定期对小丽进行个别辅导，及时了解她的心理动态和需求，也继续关注小丽在集体中的表现和发展，为小丽提供更多的机会和平台来展示自己的才能和魅力。

此外，我还积极与小丽的母亲保持联系，定期向她汇报小丽在校的表现和进步，并征求小丽母亲的意见和建议。在双方的共同努力下，小丽的家庭环境也得到了明显的改善，母亲更加关心小丽的情感需求和学习生活，家庭氛围愈发和谐和温馨。

三、育人成效

最终，在我的精心辅导和多方合作下，经过一系列的心理健康教育干预，小丽逐渐走出心理困境，找回了自信和快乐，在行为、情绪和态度等方面都展现出了明显的积极变化，她的学习成绩显著提升，课堂参与度提高，作业完成质量也大大提高。与同学的人际关系得到了明显的改善，她开始主动与同学交流，积极参与集体活动，并在其中展现出自己的独特才华和魅力。在情绪管理方面，小丽的焦虑和抑郁情绪得到了有效的缓解，她变得更加开朗和自信，对未来充满了希望和期待。她的变化不仅让我感到欣慰和自豪，也让全班同学为她感到高兴和骄傲。

班主任是学生的良师益友，我们教师应该用心用情去温暖、感化每一位学生。我相信，师爱能创造奇迹，没有做不到的，只有想不到。愿我们的班主任在今后的教育工作中，多一分耐心，多做一些调查，多走近学生，真正成为学生贴心的引路人。

案例叙述人

李华容，中学一级音乐教师。从教 20 多年来一直担任中学音乐教学工作，担任班主任工作多年，深受学生喜爱，多次被评为"优秀班主任"，所带班级班风纯正，学生学习优良。

教育如诗：爱为韵脚，温柔作笺

鲁迅先生曾说："教育是植根于爱的。"爱，教育的源泉，同时，教育也是一门慢的艺术，是一种温柔的"征服"。我们要以滴水穿石的恒心、静待花开的耐心、促进每一个学生成长的责任心，在学生心灵深处辛勤耕耘。

一、案例简述

小萌，女，九岁，小学三年级学生。经由日常的细微观察和与她母亲的交流，我了解到她是一位总是戴着口罩、内心敏感、不爱多话、瘦弱、不自信、好强，渴望获得父母关爱的女孩。她家有三个小孩，在她六岁前都是奶奶在照顾她，跟父母不亲近，总觉得父母偏心。她父母工作较忙，对孩子的心理、学习了解较少，以致孩子对学习和生活缺乏热情，总是通过一些不良行为来引起父母的关注。

二、案例分析

记得有一次在课堂上，她很难得地举起了手，我立刻请她作答。她可能有些紧张，在回答时有些磕磕绊绊，班上另一个同学当场笑出声来。我还没来得及作出反应，只见她气势汹汹地大声吼道："笑什么笑！"那位学生顿时止住了笑，可她并未就此罢休，她把手中的课本往地上一摔，径直走向教室门口，摔门而出。见此情景，全班同学都惊愕不已。当时我迅速做出判断，首先要保证学生们正常上课，其次要立刻把她找回来。于是我立即追出门外，叫住她并告诉她现在是上课时间，不能因为她的缘故而耽误其他同学的学习，也许是担心成为全班同学的"公敌"，她默默地跟着我回到了教室。

在后面上课的过程中，她始终没有冷静下来，一会儿踢桌子，一会儿撕练习本。我引导其他学生继续集中精神上课，对她采取了冷处理的方式。下课了，我发现她仍然没有"消气"，于是先把另一位学生找来，对他进行了批评教育，该学生已认识到自己的错误并愿意道歉。又过了两节课，当我发现她逐渐冷静下来后，便将她找来谈话。她一进办公室便低着头看地板，我知道她已经做好被批评的准备，而且打算一如既往地采取"无所谓的态度"。于是我决定换一种方式：我拉住她的双手，告诉她老师遇到类似的情况也会和她一样不高兴、很生气，并对她先前的愤怒表示了理解。听到我这样说，她眼神"亮"了起来，抬起头注视我，一脸委屈地向我倾诉："他嘲笑我，太气人了。"这时我知道，我已经赢得了她的信任。

于是，我认真地做起了"倾听者"，耐心地听她把话说完，并时不时地点头表示赞同。接着，我以"知心人"的身份与她分析课堂上的行为，让她明白她生气时的摔门而出、踢课桌、撕本子等行为对自己、对教学用品都没有好处，这样的生气并不"划算"。同时，我告诉她我认可的做法是：让老师批评他，自己可以生气但不能伤害自己身体、破坏教学用品。见她听得很认真，并认同我的分析，我再以老师的身份告诉她对于她发脾气的做法我不认可，学校的校规也不允许，同时告诉她今后如果再遇到类似的情况一定要采取合适的方式来处理问题，她真诚地点着头。在化解了两人的矛盾后，我在班上进行了集中教育，表扬她能举手发言、热爱学习、宽容大度且能虚心改正错误，也表扬另一位学生知错就改、真诚道歉的态度。

（一）家庭环境是影响学生性格的关键

这名学生家里面有三个小孩，她是老大，还有两个妹妹，从小跟奶奶一起生活，与父母及妹妹的关系较为疏远，妈妈为了生活经常加班，无暇顾及孩子的身心状况，作为老大，她需要照顾弟弟妹妹，但自己却得不到关爱，所以情绪得不到很好释放。

（二）学生在学校没有获得足够的成就感

学生聪明，但对学习缺乏热情，常常通过逃避学习任务，来获得父母的关注，导致成绩一落千丈。

（三）学生性格内向，缺乏和朋友家长的沟通交流

由于学生性格比较孤僻，不爱和人交流，家长又不理解她，她的情绪只能积压在自己的内心。久而久之，内心就比较敏感封闭。

（四）学生自我否定，缺少对生活的热情

由于学习成绩比较差，她在学校得到老师和同学的关注也比较少，自己也习惯了在班级默默无言，对任何事情都提不起兴趣，将自己的内心封闭起来。

三、育人策略

（一）培养信心是基础

通过与她的深入交流，我了解到她的家庭背景。其实她父母也

很着急，想要靠近她，却感觉无从下手，所以我建议家长多鼓励孩子，帮助她建立信心。在学校，我和任课老师沟通好，平时多表扬她，建立她的学习信心，提升她的学习兴趣，同时针对她的学习情况，指导她采用正确的学习方法，逐步取得学习上的进步。此外，我鼓励学生多参加学校活动，发挥她的特长。

（二）爱和理解是前提

这个小孩比较敏感，心理上需要老师多方面的引导与关怀，给予她更多的宽容与爱，引导她逐步打开心扉，点燃她对生活的热情，引导她用平常心面对生活中的挫折。同时，我会适当降低对她的学习要求，一切以表扬激励为主，耐心倾听她的内心想法，并及时反馈。

（三）家校合力是关键

我会多和家长沟通，反映学生在校情况以及最近的心理变化，多以表扬为主，引导家长认识到要多关注孩子，不要给予孩子太大压力，在家庭教育中要尽可能不出现让孩子误会的行为，生活上多一些关爱。在家长提出目前存在的困难时，我也会耐心倾听，尽可能给予帮助。

（四）朋友互助是良药

除了父母、老师的关爱，来自同学和朋友的关爱，也是学生能调整好心态的有效途径。她性格正直，是一个很有耐心的倾听者，在同学心中的形象也比较好。但开导别人的人不一定会开导自己，所以我会和班级学生沟通，让她们多关心她，帮助她，引导她寻找生活的乐趣。

四、育人成效

目前来看，小萌的变化显著，她能够主动完成作业，无需我再催促，脸上的笑容也在变多。下课会找同学聊天，玩耍。

教育是情的融入，是温柔的"渗透"。在孩子看似坚强的外表下包裹着的是一颗脆弱的小心灵。来自家长的压力，来自老师的不解，使她将自己包裹得越来越紧，而当我们试着去了解她，给予她展示的机会时，我们的爱与温柔便让她们打开心门，绽放出自己的色彩。我们应该把温柔的魅力融入教育当中，让孩子在我们爱与温柔的教育下散发出独特光芒。

五、案例反思

（一）多关注学生心理问题，并及时进行心理疏导

这个事例给了我很多教育启示，在日常教学中对于那些乖巧默不作声的学生，要多去了解他们的心理健康状况，并给予他们适当的心理疏导，丰盈学生的内心情感。

（二）温柔倾听、用爱与包容拉近与学生的距离

学生需要爱，耐心与温柔能增加学生与老师沟通的可能性，只有走近学生才能了解学生，才有机会点燃学生心头的希望火苗，打开学生心头的智慧之门。

（三）利用主题班会进行群体教育

每周开展一些有关安全、心理等符合班级情况的主题班会，会有不错的效果，更会在孩子内心留下深刻的印象。

（四）多和家长沟通，加强家校合作

家庭教育对孩子的性格的养成有很大影响，家长陪伴的缺失，家长观念的不同，家长给孩子的压力都会给孩子的心理问题埋下隐患，这个事例中小萌妈妈的理解支持和配合也是小萌改变的基础。

案例叙述人

罗晶晶，茶陵县芙蓉学校班主任兼语文教师，中小学一级教师。任教以来，多次获"优秀班主任""阅美教师"称号；2024 年获芙蓉学校"蓉耀杯"班主任论坛二等奖。

班主任育人案例之关爱留守儿童

自担任班主任工作以来，近距离接触到各式各样的学生群体。他们之中，有乖巧懂事体贴人的暖心小棉袄，也有活泼好动不守规矩的调皮捣蛋鬼，但最让人心疼的，还是那些在班级里默默无闻，独来独往的学生。他们大多数是留守儿童，长期缺乏父母亲的爱与温暖，也习惯了没有人关照的生活。这样的学生或多或少性格上有些内向、不自信，不敢与老师和同学交流，甚至有个别学生还存在一些心理问题，导致了一系列的不良行为。在青少年的成长历程中，一个健康、稳定、和谐的家庭环境对孩子的成长至关重要。父母的陪伴与爱意能给孩子带来安全感，而父爱母爱的缺失会给孩子带来巨大的精神压力和心理压力。本案例的主人公是一个 14 岁的男孩，从小因为缺乏父母关爱，给他的行为和心理带来了较大的影响。

一、案例简述

乐乐是八年级的一名留守儿童，跟着奶奶一起生活在叔叔家。奶奶已逾花甲之年，平时在县城做点零活挣点小钱，叔叔家收入情况一般。乐乐的爸爸妈妈是在广东打工的时候认识的，因为家庭贫困，乐乐妈妈在生下他之后就不辞而别，乐乐从来不知道妈妈在哪里，妈妈长什么样。而乐乐爸爸身体状况欠佳，而且常年在外地打工，过年才回家一次，其平时与爸爸相处得很少，基本上没有感受过父爱的温暖。这导致乐乐的行为没有受到很好的引导，平时在学习上缺乏主动性，上课经常发呆走神，作业完成得较差。因为性格内向，不爱与人沟通，在学校朋友较少，有说谎的不良习惯且性格敏感，甚至在学校曾有过偷东西的行为。

二、案例分析及育人策略

（一）前期通过面谈和家访等方式了解孩子的行为和心理

我接触到乐乐还是他七年级的时候，那时他转入了我的班级，不太爱说话，看起来性格非常沉闷而且心里像装了很多心事一样，很少看到他阳光开朗的模样，因此我对乐乐格外关注一些。在接下来的一周里，我注意到乐乐在学习态度上也出现了一些问题，包括上课睡觉、不完成作业、上课不尊重老师。甚至有同学举报他偷窃其他同学的东西。在了解情况后，我发现他与同学之间的交往一直不太和谐，以往也有偷窃行为。在一次周五放学的时间，乐乐因为作业未完成，我跟他进行了第一次深入的交谈。

当我在询问他近期的上课状态时，他明显想要回避，不愿开口。在我耐心等待之后，他表示自己上课时难以集中精神，晚上因玩手机、看电视导致休息不好，且对新知识的理解感到吃力。由于对该生的了解尚不完全，我只能暂时从老师的角度出发，建议他调整作息时间，并鼓励他更多地融入课堂，以便适应新知识的学习。随后我分别跟他奶奶和父亲打了电话，告知了他在外地上班的父亲，希望他能多关心一下孩子，平时多联系，同时也希望奶奶作为监护人能够监督他合理安排休息时间。

然而，接下来的一段时间，我发现他的学习状态并没有改善，上课睡觉的情况变得更加严重。他在学校总是一个人独来独往。即使在班级活动中，他也倾向于回避，选择置身事外。一些老师也注意到他在上课时精力不集中，甚至睡觉、讲话或看其他书籍。有一次语文老师在早自习时因为他讲小话批评了他，他立刻哭了起来，甚至连早饭也没吃，一直在哭泣。老师与他交流时，他否认了讲小话的事实，却又无法说清楚自己当时在做什么，只能一个人委屈地哭泣。我觉得他可能在家里也曾受到冤枉，但没有人认真倾听他的解释，导致他对别人的误解过于偏激。

然而，在一个周末假期，发生了一件让我很惊讶的事情——他竟然偷邻居的手机，被邻居家的监控摄像头拍下来，邻居报警。警察对他进行了教育。后来了解到，他多次在家偷邻居的东西。假期结束后，我多次和他交谈，他逐渐打开心扉。他告诉我，一岁时他的母亲离开了家庭，留下父亲一个人照顾他。父亲身体不是很好，母亲离开后，父亲为了生计，只能去外地打工，他被留下来由奶奶照顾着，奶奶想多挣点钱来补贴家用，常常在外工作，和叔叔一起租房住在县城，平时有个照应。但叔叔和奶奶对他的管教只停留在温饱方面，从来不关心他在学校的生活、学习等情况。之前跟乐乐奶奶反映乐乐因玩手机、看电视作息不合理的情况，奶奶也并没有对相关行为进行干预。另外，也由于乐乐的种种表现，叔叔也不太喜欢乐乐，有时会因为乐乐闯祸或者不听话打骂他，很少坐下来跟乐乐认真沟通，听一听孩子内心的想法。听到他讲述这些家庭琐事和家境情况，我感到痛心和难受，深深体会到这个孩子的无助和绝望。在这样不安稳又缺乏关爱的家庭环境中，乐乐鲜少得到身边人的尊重和关爱，这正是他养成诸多不良习惯的直接原因。

（二）对该生的行为和心理干预措施

为了帮助乐乐改变坏习惯，并帮助他摆脱自卑情绪，重建自信，树立积极向上的人生观和世界观，让他感受到家庭的温暖和爱，得到同学们的尊重和理解，我与乐乐进行了长期交流，建立了信任，并采取了以下辅导措施：

1. 以关怀和支持的态度与乐乐建立信任和理解

首先与乐乐建立良好的师生关系，悉心聆听他内心的声音和困扰，了解他的家庭背景和学习情况，让他感受到关爱和理解。然后通过耐心倾听和关心，逐步与乐乐建立信任，让他感受到自己在老师眼中是被重视和尊重的。在与乐乐这样的孩子交往时，要意识到他们内心敏感、自卑和多疑，最好的方式是避免以怜悯或同情的态度对待他们，而是将他们视为普通孩子，以正常的方式交流。即使了解到他们的家庭环境，也应以朋友和老师的身份与他们相处，引导他们解决心理问题。因此，在帮助乐乐改正偷东西行为，建立对我的信任时，我倾注了近半个月的时间。在与乐乐交谈的过程中，他大多数时候面无表情，尤其在谈及家庭问题时显得失落和无助。我没有因他的行为而看轻他或贬低他，而是用赞美的眼光看待他，感谢他对我的信任。之后，我也积极与他打招呼，鼓励他与老师、同学、家人、邻居多沟通，以减少误会、消除隔阂。

2. 加强心理疏导，让孩子正确对待自己的情绪

帮助乐乐认知和理解自己的情绪，教授他有效的情绪调节方法，帮助他控制情绪，减轻内心的焦虑和压力。对于缺乏父母关爱的孩子来说，悲伤、失落、无助、自责以及排他等情感体验都是常有的。首要之务是让孩子明白，产生这些情感是很正常的，他可以向老师或朋友倾诉自己的难过，通过交流释放内心的压力，度过情感低谷期。我将乐乐的情况告知了其他任课老师，期望他们在课堂上多关注乐乐，给予他鼓励和支持。尽管乐乐平时不爱参与班级活动，但他愿意帮助同学完成卫生任务，我及时表扬并奖励他水果，同时提醒他要成为班集体的爱护者。当他积极回答问题不再影响他人学习时，我给他一张写满激励话语的书签，并在班会上公开表扬他，让同学为他鼓掌。他的进步显而易见，每位老师都对他刮目相看。渐渐地，乐乐交到了好朋友，同学对他的看法也改观了，他在

学校变得比以往更加愉悦。

3. 鼓励孩子发现自己的闪光点，制定合理的学习计划和目标

针对缺乏父母关爱的孩童，教师可以与孩子一起制定合理的学习计划和目标，分解学习任务，帮助他提高学习效率，从而逐步提升学习成绩。通过鼓励他们去发现自身的价值，追求个人梦想的方式来帮助他们转移注意力，从而不再过多地将情绪和精力放在父母离异的问题上，让他们意识到自己是一个独立的个体，通过学习和努力，可以实现自己的理想。通过引导他们参与各种活动，发现自己的特长和兴趣爱好，激发他们的学习热情和创造力。同时，教导乐乐正确的价值观，帮助他树立正确的人生观和价值观，帮助他改掉偷东西等不良行为习惯。

孩子的成长离不开家庭的支持，当孩子缺乏家庭关爱时，学校里老师和同学的关爱可以给孩子带来温暖和爱。我与其他科任老师共同商讨如何帮助乐乐，同时也更加关注他的学习和生活。另外，孩子可能会因为父母离异而感到自卑、自责甚至胆怯，担心老师疏远他，同学会因他的家庭背景而嘲笑他。针对这种情况，首先，我平时尽量关注他的情况，在他感到孤独和难过时，给予更多鼓励和安慰；其次，在他周围安排一些活泼、友善的同桌，逐渐引导他参与到与同学的交流中，消除他对友谊的顾虑；最后，通过组织集体活动，建立小组，鼓励他参与其中，展现自己的能力。当他发现自己和其他同学一样有优点和能力时，他会变得更自信，也能在集体中找到归属感，从而更好地融入集体中。

三、育人成效

经过半年多的时间，在老师的关怀以及孩子自身的努力成长下，乐乐的状态发生了显著的变化。他现在能够在课堂上集中精力听讲，

课间亦能与周围同学进行交流活动，甚至在一些团体活动中积极参与，主动为班级贡献自己的力量。孩子的笑容逐渐增多，变得更加自信和开朗。各科老师、同学以及他的家长都觉得孩子的性格逐渐变得积极向上、更加容易相处。接下来我将持续关注该生的状态，期盼他能更加专注学习，更期望他能一直乐观开朗，积极面对人生。

案例叙述人 --- ▷

　　孙英芝，茶陵县芙蓉学校八年级班主任兼英语教师，中小学二级教师。从教以来，爱岗敬业，责任心强，并坚持"辛苦是一种幸福，责任是一份荣耀"的教育理念，近两年先后获校级"教学能手""优秀班主任""先进工作者"称号。

一场温暖的"拯救"

——一个困境学生的教育案例

美国著名教师贝特西·罗杰斯曾说过："孩子就像花蕾一样，有不同的花期。"对待不同的孩子，教师要像对待花蕾一样，用爱心去呵护，用责任心去浇灌，用细心去观察，用耐心去等待，对待问题学生，这"四心"更是不可或缺。在我多年的班主任教育工作中，我深刻地意识到，唯有用爱去对待每一个孩子，我们才能真正收获孩子的笑容和成长。

一、案例简述

小朵（化名），女，十二岁，小学六年级学生。出身于二孩家庭，她是姐姐，有一个弟弟。她从小就认为爸爸和奶奶偏爱弟弟，认为家中存在重男轻女的观念。五年级下期就一直住在外婆家，不肯回家。家境属于中等水平。

她是一个性格内向又极其敏感倔强的女孩，因为她觉得在她的印象中，父亲和奶奶总是偏爱弟弟，重男轻女，要求她帮弟弟做事情，吃的要先让弟弟吃，对她太过严厉，常采用打骂的管教方式。这导致她产生了逆反心理，甚至逃学，将近一年的时间都住在外婆家，并且选择把自己关在房间里，睡在床上，拒绝沟通和交流，一度陷入了自我封闭的状态。一个学期超过三次不来上学，而最后一次更是长达一个多月未到学校。

二、案例分析

（一）个人性格

小朵是一个性格极其内向、敏感的女孩，由于生活在二孩家庭，认为父亲和奶奶重男轻女、偏爱弟弟，长此以往养成了偏执的性格，忍受不了批评打击的话语。一旦认定了某件事情，她便会采取极端的方式来应对，所以采取偏激的方式来对待自己的学习，遇到父母没有满足自己要求的情况时，逃学便成了她的一种应对策略。

（二）家庭环境

家庭是人一生中最重要的成长环境，对个人的成长和发展起着举足轻重的作用。它不仅提供着感情基础，而且承担着道德教育、人格塑造的重要职责。

而对于二孩家庭来说，若父母没有引导好的话，极易造成孩子情感的缺失，而小朵的父亲对待小朵一直非常严厉，甚至经常打骂她，父女关系很紧张，母亲又没有主见，这无疑加剧了她的逆反心理，甚至会咒骂自己的父亲。她的种种行为可以折射出父母的教养行为。

（三）学业压力

小学高年级学业压力大，作业繁多，学习难度增加，家长期望值过高，让小朵整天在高度紧张的学习环境中产生了厌学心理。

（四）手机成瘾

随着市场经济快速发展，网络游戏、社交媒体等新兴媒体的普及对未成年人造成了诸多负面影响，11 岁的孩子自主意识很强，心里满载着诸多个人想法，也不爱与父母老师去沟通，终日以手机为伴，受网络上不良信息的引导，渐渐产生非常多不切实际的梦想，比如想当明星，不上学想去学习化妆等。这些想法让她更无心学习，一度产生逃学想法。

三、育人策略

针对学生当前的状态，心理辅导应从缓解和预防焦虑入手，短期治标，长期治本，最终促进学生心理恢复正常并实现长期健康发展。引导学生摒弃不良生活习惯，改善该学生的睡眠状况，提高其睡眠质量；教学生学会情绪的合理表达，帮助其培养兴趣爱好，增加运动时间；引导家长给予孩子更多关爱，优化亲子关系，引导学生家长正确合理分配好照料两个孩子的时间。这些举措，使学生学会自我接纳、自我关怀，形成正确而稳定的自我认知。建立健康的亲子关系，提升家长对孩子需求的重视程度，减少无意识忽视孩子需求的行为，让她感到被爱和被重视；通过学校老师、同学的肯定和帮助，增强她的自信心，改善人际交往关系。

（一）目标设定

为了让小朵更好地适应日常生活和安全顺利地度过小升初的关键期，班主任制定的目标有：正确地认识自己并接纳自己，正确看待自己与家长、同学的关系，完善自己；正视并改善与家人之间的沟通；改善亲子关系；妥善处理好各种人际关系，促进身心健康发展。

（二）实施过程

1. **以爱为基，建信任之桥**

因为小朵住在外婆家，她与她的外婆、妈妈较亲近，所以班主任首先与她们建立联系，使她们深切感受到教师的真挚关怀与帮助孩子的热忱之心，并积极和她们交流并分析孩子现在的心理。为了让她重返校园，首先，班主任老师多次上门家访，带几个与小朵关系不错的孩子一起去到小朵家里，通过这种方式让孩子卸下心防。其次，与同学的交流能让她的情绪得以调节，班主任让几个孩子录制视频讲讲学校的趣事，用关心和关爱逐渐打破她对外界的防备。通过家长课堂、家长会等方式，多渠道引导家长与孩子建立良好的亲子关系。指导家长正确处理手机管理、作业辅导、青春期冲突等容易引发亲子关系紧张的情况，运用积极有效的沟通方式，避免简单粗暴的批评，维系和谐的亲子关系，共同关爱学生身心健康成长。

2. **家长校访，达成共识**

小朵第一次未到校我就请她父母到校就孩子教育问题进行沟通，并与其父母达成共识：

第一步，平等沟通。蹲下来，以朋友的姿态相处，多倾听她的心声。比如询问她平时在学校学习有没有困难、与同学的相处状况、互相分享开心或不开心的事情。总而言之，要多和孩子进行沟通。

第二步，联系平常与小朵关系比较好的亲戚长辈开导她，让她对生活和学习有一个正确的认知，正确看待与父亲的关系。

第三步，满足孩子正常需求，但拒绝过分要求。不要没有底线地满足她，以免她会以此为借口，提出各种过分要求。

3. 同伴感化，共同进步

首先，观察她与班级哪些同学走得比较近，让这几位同学录制视频，讲讲学校趣事，表达她们想让小朵返校的愿望，甚至上门家访带这几个孩子去和她交流，以此来让她放下戒备，打开心扉。其次，以"师徒结对"为契机，同伴感化。安排小师傅平时督促她按时完成作业，背诵课文，准确默写及听写词语，并指导她做题技巧。最后，安排正能量的同学去感化她，及时发现她身上的闪光点并给予肯定，同时经常组织玩一些益智游戏等。

4. 让孩子回归生命的本色

每个孩子都是最本真最纯洁的存在，针对小朵的具体情况，学校心理辅导师制定了一套心理辅导方案。首先，辅导老师通过角色扮演，让她能切实站在父亲的角度去感受，帮助她认识到自己在家庭中的不可或缺性，正确处理与父亲的关系。随后，引导她学会换位思考，理解她人的感受和需要。辅导老师还传授她一些情绪管理的方法，帮助她缓解负面情绪。如，建议她平时多听音乐，阅读书籍，增强户外运动，学会诉说，或者用日记形式记录心路历程。

5. 将关爱与责任进行到底

唯有坚持不懈，将爱与责任进行到底，持续关爱学生，才能真正让其感受被爱与关怀。我会定期与小朵家长交流，了解孩子在家的身体及心理状态；与家长商量好对策，遇到特殊情况该如何妥善处理，及时了解并跟踪孩子在家的情况。

四、育人成效

经过一段时间的心理疏导和行为矫正，小朵的状态有了明显的改善，并最终重返校园。

行为变化：她不再轻易说不来上学，认真听课，努力完成老师布置的各项任务。成绩较之前有很大的进步！她会主动与同学交流，性格慢慢变得开朗起来。教室里，食堂中，都能看到她脸上洋溢着笑容。与家人也能敞开心扉。更让我惊讶的是，在课堂上她会主动举手回答问题。

情绪、态度变化：情绪变得稳定，与家长、老师、朋友的关系逐渐融洽，会主动与家长进行交流分享。积极完成各科作业，甚至主动要求为班级服务，例如主动帮我拿班牌。更让我惊喜的是会主动和老师打招呼。

五、我的反思

（1）深入了解学生的实际情况，追溯问题的根源所在。在应对学生的心理问题时，我们需要在建立信任的基础上，有针对性地制定解决方案。

（2）向家长强调家庭教育对学生成长的重要性。家长作为孩子的第一任老师，应高效率地陪伴孩子，关心孩子的心理需求，与孩子共同成长。

当遇到有心理困境的学生时，我们应当立德育人，用爱浇灌，绝对不放弃任何一位学生，逐步引导他们走出阴霾，完成一场"温暖的拯救"，让孩子回归生命的本质。唯有如此，我们才能真正培养出学业优秀且心理健康的学生，让每一朵芙蓉花绽放！

案例叙述人 ------------------------------------ ▶

　　谭莎莎，芙蓉学校六年级班主任兼语文老师，中小学二级教师。2021年获湖南省线上集体备课大赛二等奖。从教以来，多次获得"优秀教育工作者""优秀教学能手""优秀班主任"等称号。

以爱为底色，做有温度的引路人
——做一个有温度的班主任

教育是一场爱的坚持，一场温柔的修行，一种不变的情怀。魏书生说："走入学生的心灵世界中去，就会发现那是一个广阔而又迷人的新天地，许多百思不得其解的教育难题，都会在那里找到答案。"作为班主任，我们要学会用爱与温暖来打开孩子的心灵之门。

一、案例简述

王同学是一个外表冷酷，个性十足，情绪容易失控的男生，他生气时的眼神足以令人心里发怵。他视球如命，经常一下课不吃饭就去打球，我多次因为这个事情说他，他却认为我不可理喻管得有点多。他对同学重情重义，异性缘特别好，却经常顶撞家人和老师，典型事例如下：

事例一：开学初期，就餐排队时，王同学被某男生插队，两人当场就要干架，我及时制止，并且劝慰他："能忍是福。"他心里特别委屈，觉得我这个班主任靠不住，之后对我是各种顶撞和挑刺。

事例二：王同学上课期间上厕所时间长达 20 分钟，物理老师批评他没有时间观念，他反而觉得是老师缺乏同理心，不能理解他便秘的痛苦，当场与老师发生争执。

事例三：早恋期间王同学藏了一部备用手机，作为与"心上人"联系的工具，被妈妈发现后，与妈妈争执甚至升级到肢体冲突，随后，学生选择了离家出走作为回应。

二、案例分析及育人策略

（一）以爱为基石，构建良好的师生关系

陶行知先生曾说过："真教育是心心相印的活动，唯独从心里发出来，才能打动心灵的深处。"我深知，是因为开学那次插队事件让他失了威风，虽然当时我有及时解释，但他还是耿耿于怀。每当我在班上宣布一些决策或者制定一些规矩时，他总是第一个站出来反驳，然而我并没有因为他的意气用事而放松对他的管教，我一如既往地想用真心换真心。针对他不吃饭就去打球的问题，我跟他签了一份协议书，白纸黑字为证，如果他在两个月内没有履行承诺，就主动把篮球上交给我。针对他多次离家出走的问题，我以身说教，跟他讲述了我自己的一些亲身经历，并告诉他："人最愚蠢的行为就是伤害自己，伤害自己的家人。"我跟他说，这是我第一次跟一个学生分享这些经历，他似乎感受到了老师的信任，也就是从这时开始，这座"冰山"开始融化了。他开始主动跟我分享他学习上的一些困惑以及他自己处理的方式，甚至还跟我分享了连他爸妈都不知晓的荒唐行为。

（二）以包容为前提，引领其茁壮成长

"老师，王同学最近又和班上的女同学陷入了情感的漩涡。"这是这个学期我第三次听到班上学生反映这个问题了。据王同学以前

的老师透露，王同学曾经创造过一个学期谈十几个女朋友的纪录。"江山易改本性难移"，想要在短时间内纠正王同学这种将恋爱视为儿戏的行为似乎并不现实。但是作为初三的学生，如果不及时且妥善处理这个问题，肯定会影响双方的学习。

那天大课间跑操，看他跑得大汗淋漓，我就递给他一张纸，并且夸赞他跑步很厉害。我提议我们在操场上一起走一走，随后我与他讲述了我高中时期在操场上发生的一些趣事。对于学生来说，听老师的故事总是充满兴趣。看到他听得入迷，我便不经意问了一句："你现在跟谁在谈恋爱。""周同学。"他毫不犹豫地回答。看着他那不可思议的眼神，我立马说道："像你现在这般年龄，心中有喜欢的女孩子属于正常现象。"他听到我这么说，先是有点诧异，接着就坦然地跟我讲述了他的那些所谓的恋情，最离谱的是：有一次他甚至为了某个女孩子差点跟另外一个男同学打起来了。我调侃他说："你做了很多学生不敢做的事情，但是在这一段所谓的恋情当中，你收获了什么？我认为寻找人生伴侣是人生中最大的一件事，你现在还这么小，连 4 个选择题都选不对，你如何判断你是真的喜欢这个女孩子，还是仅仅为了满足你所谓的虚荣心？再说，你这么频繁地换女朋友，对于你自己有何意义。我只听到其他同学对你有了一个共同的称呼'渣男'，人言可畏，难道你要一直带着这个标签生活下去？或许你现在觉得无所谓，但是你能保证将来，你的家人都无所谓吗？1000 米长跑，每个人都有自己的速度，如果你为了迎合别人而改变自己的速度，对于现在的你来说，你可以承担这样的结果吗？"一周后，王同学主动过来找我："老师，现在我敢向您保证，在中考冲刺阶段甚至高中，我都不会再谈恋爱了。"

（三）以耐心为依托，静候其华丽蜕变

俗话说："尺有所短，寸有所长。"尽管王同学身上有很多缺点，但是最难能可贵的是他是非分明，而且心地善良。我也经常跟他说，老师之所以没有放弃他，正是因为看到了他的善良，我坚信善良的人，只要自己肯努力，结局都不会太差。某日他还特意问我："老师，你觉得我能考上高中吗？"我坚定地说："肯定行。"为了激发他的学习动力，我找准各种时机表扬他，比如：王同学今天的笔记写得很扎实，王同学的"周周清"有进步，等等。由于王同学的基础较为薄弱，他的努力在很长一段时间似乎没有起色，我也感受到了他内心的焦虑。坦白说，我也很着急。但是为了稳住他的心态，我仍鼓励他说："不管结局怎么样，只要自己努力就好了。"令我意外又惊喜的是，他居然说："老师，我知道在我努力的时候，别人也一直在努力，初一初二错过的知识不可能在短时间内弥补回来，但是我会继续努力。"多么暖心的一个孩子，但是孩子毕竟还是孩子，虽然信誓旦旦，但是有的时候还是会放纵自己。

为了给这个孩子加点催化剂，我跟他撒了一个善意的谎言，我告诉他：由于他前三次的月考成绩都排在年级400名左右，年级组昨天召集我们2班所有的科任老师开了一个会，并给出了两个方案，一是要换掉我这个班主任，二是要他离开2班。尽管科任老师对于他平时的不良行为都会批评他，教育他，但在关键时刻，我和所有科任老师都力挺他，相信他未来肯定是一匹黑马，而且我还向年级组立下了军令状。自这个善意的谎言之后，他学习更加刻苦了，对老师也越发真诚了。

（四）以家校共育为手段，采撷傲人的果实

苏霍姆林斯基说："家校合作是最完美的教育。"解铃还须系铃

人，孩子最初的老师是父母。了解到王同学的母亲生了弟弟之后，既要兼顾家庭又要上班，因而对王同学的一些异常行为没有及时察觉并予以正确引导，针对王同学的一些叛逆行为，处理方式也是简单粗暴。对于处于叛逆期的孩子来说，打骂只会激化矛盾，从而促使王同学多次离家出走。在跟王妈妈多次交谈中，我能感受到一个妈妈的无助和无奈。家长会后，我与王妈妈面对面地交流了王同学身上出现的一些问题，并建议王妈妈这段时间跟王同学少谈学习，多关心他的思想状态和朋友圈子。为了更好地了解王同学，我还邀请了王妈妈来校陪读了一天，让王妈妈多方位地了解自己的孩子。之后我们一起合作监管他的学习，在校的空档时间，由我监管；在家里，王妈妈每天陪着他一起背诵资料。父母的管教是叛逆孩子最好的良药，在王妈妈和我们的共同努力下，王同学主动把手机交给了妈妈保管，并嘱托妈妈在中考之后再给他。自那之后，王妈妈跟我反馈，王同学在家很少发脾气了，与她沟通的次数也越来越多了。课堂上，我时常能捕捉到王同学那专注的眼神，课间可以看到王同学坐在教室里刷题的背影，吃饭排队时可以看到王同学背诵资料的情景。更加难能可贵的是：他不仅自己要求上进，还会带领班上其他一些调皮的同学共同去努力。

三、育人成效

经过一个学期的家校合作，王同学会主动跟妈妈分享学校发生的一些事情了，在校时，他会认真对待老师交代的任务和布置的作业，学习成绩也从曾经的 402 名跃升至如今的 172 名。王妈妈在看到期末成绩的时候，给我发了一段深情的文字："很开心，也非常感谢老师们的精心培育，在我们父母都想放弃的时候，是您一直鼓励着我们，对他格外地宽容大度和重视，非常感谢，辛苦了，老师。"周五放学临近出校门时，他突然转过头对我说："老师，经过一个学期的时光，我才发现老师们的良苦用心，才知道努力学习的重要性。"

班主任工作琐碎而繁杂，但也充满趣味和感动。孩子们一个个进步的身影，便是对我最大的鼓励，家长们一句句感谢的话语，则是我前行的动力源泉。我的教室里坐着的不仅是 50 多个孩子，更是 50 多个家庭的未来。我深知每个学生都是独立的个体，他们必然存在各种差异，都有自己成长的速度。而我作为他们的领路人，唯有陪着他们，一同踏上这条漫长的道路，才能让他们的心灵得以跟上步伐，让教书育人这一使命成为一场悠长的修行。

案例叙述人 ⋯⋯⋯⋯⋯⋯⋯⋯⋯⋯⋯⋯⋯⋯⋯⋯⋯⋯▶

孔利艳，中小学一级教师，茶陵县芙蓉学校九年级班主任。曾多次获省、市、县教育教学奖项，并荣获县"优秀教育工作者"称号。

坚守爱与责任，家校协同共赢

——以心相约，"育"见未来

苏霍姆林斯基说："教育的效果取决于学校与家庭教育的一致性，如果没有这种一致性，那么学校的教学和教育过程就会像纸做的房子一样塌下来。"家校合作是孩子获得更好教育的基础，教师是联系学校和家庭的纽带。加强与家长沟通，使家校之间紧密联系，形成合力，对于共促孩子成长来说至关重要。

一、案例简述

小雨，男，九年级学生，成绩中等，自尊心较强。去年 10 月份的一天，我接到小雨妈妈的来电，她一边哭一边跟我诉说：小雨现在视手机如命，一回家什么也不做，什么也不听，完全沉浸在手机里不能自拔。有一次，她把手机偷偷地藏起来，以此作为对小雨的警示，却没想到小雨竟将自己反锁在房间三天三夜，不吃不喝，以死相逼，最后依靠警方的协助才把孩子从房间里拉了出来。小雨的爸爸在外面工作，母亲一个人租房带着小雨和他弟弟，看到小雨这个样子，她几乎陷入了绝望的边缘。

学校是学生接受教育的重要场所，而家庭教育是教育体系的重要组成部分，对学生养成良好习惯和成长成才至关重要。面对小雨沉迷手机的问题，我要如何引导他走出这片虚拟的迷雾？作为班主任，要学会将家庭教育与学校教育相结合，形成合力，共同促进学生的健康成长，帮助孩子实现自己的梦想。

二、案例分析

小雨即将参加中考，针对家长反映的问题，我必须具备清晰的认知和判断，深入挖掘该问题的根源所在。经过一个多星期的观察，以及和任课老师、小雨本人及班级同学的深入交流，我发现小雨出现该问题的原因主要有以下三点：

（一）家庭原因

小雨的父亲常年在外务工，妈妈则忙于照顾幼小的弟弟，家长对小雨的陪伴时间严重匮乏，且平日里与孩子沟通交流较少，忽略对孩子在其他方面的关心，只注重孩子的学习成绩。每当与父亲通话时，父亲总是先问小雨最近学习怎么样，叮嘱他要刻苦学习，这导致小雨遇到烦恼时无人倾诉，使得孩子压力很大，进而产生了抵触、反感乃至叛逆的情绪，学习上也变得懒惰，老师布置的作业以抄为主，上课也不想听讲，或是沉浸在自己的世界。

（二）自身原因

通过对小雨的观察以及同学的反馈，我发现小雨性格相对内向，不太愿与他人交往，在班上几乎没有朋友，平时独来独往，老师布置小组一起合作完成各项任务时，他几乎不参与，小组成员邀请了几回遭到无视后，慢慢地也不想再邀请他了。他的父母也没有关心他的内心世界，当他有烦恼无法发泄时，在学习中受挫时，网络游戏成了他唯一的精神慰藉，他希望在游戏中实现自我，战胜困难，找到属于自己的价值。游戏为他带来了成功的喜悦与自我实现的满足。

（三）社会原因

当下，我们生活在一个信息洪流的时代，手机、电脑等电子产品唾手可得。初中阶段的学生处于身心发展不稳定阶段和叛逆阶段，他们的身体和心理都处于变化之中，对周围事物充满好奇，自制力不强，并且难以忍受父母的管束，因此极易受到外界环境的诱惑，沉迷于电子产品的世界。

三、育人策略

（一）扭转理念，达成共识

家长是最好的老师，家教是最好的教育，家是温馨的港湾。当我跟小雨妈妈聊起问题的根源在于她的时候，她完全没有意识到自己的错误，不敢相信自己的辛勤付出竟是导致小雨叛逆的导火索之一。在她看来，孩子到这个年纪，不是最应该关心他的成绩吗？自己和他爸爸这么辛苦，不就是想要他努力读书，出人头地吗？我向她阐述：作为家长不仅需要给予物质上的支持，更需要在情感和心灵上多关注呵护孩子，适时为孩子排忧解难，让孩子感受到在家庭的价值与地位，才能逐渐引导孩子走出虚拟的网络世界，回归家庭和校园。小雨妈妈也很认同我的观点，决定改变教育方式。我和小雨妈妈约定：首先，平时多与小雨进行心灵的沟通交流，不要只关注他的成绩，要让他感受到家的温暖；如若看到小雨有不良的表现时，不要冲动，心平气和地引导孩子正确处理问题，避免情绪化的沟通。其次，同小雨规划好节假日时间，发掘课外兴趣、培养特长、锻炼身体等，充实小雨的课余生活，塑造其自律而健康的性格，从而帮助他逐步摆脱对手机的依赖，实现与手机"解绑"。

（二）捕捉契机，沟通陪伴

小雨妈妈开始尝试与小雨加强沟通，鉴于小雨对体育比较感兴趣，她选择在周末带他到户外运动，适当地找机会与小雨谈心，并给他报了他梦寐以求的篮球培训班。根据学校周末布置作业的情况，小雨母亲与小雨一起制订周末计划、设定合理的手机使用时间表，明确区分学习和娱乐的时间，引导孩子合理利用网络资源，让孩子感受到了家庭的温暖。

（三）加强协作，巩固平台

充分利用好专题教育、主题班会等多种渠道，广泛开展网络法治宣传教育，使学生了解沉迷互联网的危害，并教导学生如何正确使用互联网。小雨妈妈应在家树立良好榜样，合理使用手机，潜移默化地影响孩子。加强沟通，班主任和家长实现信息共享，针对孩子不同时期出现的问题，共同制定相关的帮扶措施。每次考试完后，小雨妈妈面对成绩不再简单关注分数的高低，而是会跟孩子一起分析成绩中的优势和不足，找出短板，并积极与班主任及各任课老师沟通，商讨提升弱势科目的对策。

（四）心理疏导，因材施教

我多次利用课间、休息时间和小雨面对面深入交流，耐心地倾听他内心的真实想法。每次谈话我会先与他一起回忆在班级中他的一些好的表现，一些过人之处，一些特长展现以及对班级的贡献等，肯定他最近在学校里的优点，如安排他管理好平时的就餐路队和放学路队的任务完成得很好，是老师的得力助手，并鼓励他继续保持。随后，委婉地指出过度使用电子产品对自己身心产生的危害。通过多次疏导，小雨认识到了自己的错误，我和他约定：每天减少玩手机的次数，安排小龙与他进行"一对一"的互助学习，逐步实现周一到周五远离手机的目标，规定周末玩手机不能超过两个小时。

（五）师生共助，走出困境

由于小雨深陷网络不能自拔，他的学习成绩有所下滑，心理上承受了巨大的压力。于是，我安排了小龙与他进行"一对一"的帮扶；监督他，引导他慢慢改变不好的生活习惯；和任课老师及时沟通，让老师在课上课下多留意小雨的学习，在学习上多给他表现的机会，通过不断的鼓励和表扬，让他找到学习上的成就感。此外，我充分发挥班主任担任英语老师的优势，在英语教学过程中，为小雨量身设定问题，通过提问和鼓励来激发他学习的热情，渐渐地，小雨开始在课堂中与我进行积极的互动。

（六）持续关注，防止反弹

心理学家麦克斯威尔·马尔茨在《心理控制术》中说，"一个习惯的养成大概需要 21 天"。越是不间断地长期坚持，养成习惯所需的时间越短。因此，对于小雨这种沉迷手机的行为，我联合任课老师、家长以及班干部，对他进行了长期的观察和监督，确保他能坚持不玩手机，遵守约定，并给予一定的表扬和鼓励。经过大家的共同努力，小雨减少了玩手机的次数，学习习惯也逐渐恢复正常。

然而，有一次，他偷偷地把手机带到学校，小龙发现后立刻告诉了我，我找到小雨要他把手机交出来，但他坚决拒绝，甚至与我起了冲突。我当时很气愤，把他叫到办公室心平气和地与他谈话，问他为什么把手机带到学校里来，他狡辩说：早上来学校时，妈妈把手机放在我的书上，不小心一起收到书包里带过来的。尽管我知道他在撒谎，但是我仍然选择相信他，跟他说：老师相信你是个诚实可信的孩子，但是我们也应该言出必行，遵守我们之间的约定，你现在将手机交给我，周五放假的时候给你带回去。虽然他有点不情愿，但最后还是将手机交给了我保管。放假前，他来找我拿手机，我说："老师发现你这几天在学校表现还不错，上课也在认真听讲，老师很欣慰。手机现在给你带回去，不管上次你是出于什么原因把手机带到学校来的，老师依旧选择相信你，希望你能继续遵守我们的约定。"小雨听到我这么说后，低着头不说话，过了一会他跟我说："老师，对不起。我前几天骗你了，手机是我偷偷带过来的，我当时没能控制自己。"我说："没关系，只要你知错能改就是好孩子。"

四、育人成效

经过不断地沟通、引导与辅导，小雨有了显著的进步。

学习方面：他重新融入了校园生活，对待学习也比以前更主动了，成绩也有了明显的提升。

生活方面：他开始愿意和父母交流，甚至在家还会帮妈妈做些家务。

心理方面：与最初相比，他有了显著的变化，变得更有活力，愿意表达自己，主动与人沟通，而不是通过逃避现实而沉迷游戏之中。

教育，是向美而行的遇见，是同频共振的回响，是温暖共进的修行，更是双向奔赴的约定。从我和小雨的故事中，我更加深刻地认识到，家庭和学校是学生成长中的两支重要力量，只有加强两者之间的合作，才能突出各自的教育特色，形成综合力和协同力，助力学生健康成长。当发现学生的家庭教育存在偏差时，我及时与家长沟通，转变家长的不正确的理念，通过交谈，针对孩子的实际情况和特点，与家长共同探讨科学、有效的家庭教育方法，共同托起孩子的美好未来。

案例叙述人

段蓉，茶陵县芙蓉学校九年级班主任。曾获县"优秀班主任"称号、县年度考核嘉奖，撰写的多篇教育教学论文在省、市级获奖。

用爱温暖学生的心

德国哲学家雅斯贝尔斯曾说过："教育的本质意味着一棵树摇动另一棵树，一朵云推动另一朵云，一个灵魂唤醒另一个灵魂。"随着我接触的学生日益增多，我愈发坚信教育需要爱，需要情怀。

一、案例简述

案例的主人公小奎，是一名七年级学生，他性格早熟，自控力差，意志力薄弱且不爱学习。在我接手班级不到一个月的时间里，他种种出格的行为引起了我的关注：上课不守纪律，课后不写作业，与同学打架斗殴，半夜在宿舍用烟蒂烧同学脚底，周末骑摩托车等。针对这些状况，我多次与他进行交流，他态度不错，也写下了保证书，但事实却是屡教不改。我感到很疲惫，管教似乎徒劳无功，放任又恐他影响整个班级的氛围。这么小的孩子不读书能干什么呢？以后他的人生将怎么办？最终，我于心不忍，决心帮帮他。我通过观察、电话家访、侧面了解等多种途径，深入接触了他的家人，发现他身上的这些问题成因源于多方面。

二、案例分析及育人策略

在小奎上五年级时，父亲便外出打工，一年难得回来一次，有时候甚至两年才回来一次。他父亲平时只是每个月汇来生活费，家里其他的事都不闻不问。在家里，由他的妈妈一人承担家庭生活的重担，她既要在田间劳作，又要照料行动不便的爷爷和正在上学的两兄弟。他的妈妈因此忙得团团转，几乎难得出门，对家以外的事鲜少关心，对小奎一天都干了些什么事，受老师表扬了还是闯祸了，都不闻不问。二孩家庭，弟弟也分走了家人仅剩的爱。这样的家庭状况给小奎的心灵带来了极大的创伤，本该享受无忧无虑学习与自由成长时光的他，不仅缺少父亲的关怀，还要承担家务的负担。因此，他性格比较孤僻，遇事习惯性自行决断，与其他同学言语不和时容易冲动生事，所以经常发生与同学打架斗殴等情况。

针对这些原因对他产生的影响，我采取了以下关怀措施：

1. 给予他生活上的关爱

缺少家庭关爱的小奎经常衣着单薄，一件卫衣，一条牛仔裤，一双板鞋就是他冬天的一身标配。寒风中，他经常冷得直打哆嗦。看到这样的他，我不禁心生怜悯。于是我从家里带来了一些旧棉衣、袜子等物品放在办公室，让有需要的同学自行选取，并告诉他们这是免费的，他们可以随意挑选自己喜欢或者需要的。这个举动得到了全班同学的积极响应。让我感到欣慰的是，小奎也主动地与其他同学一起，拿了一些衣服御寒。此后，我便很少看到他被冻得瑟瑟发抖的身影。

2. 给予他集体中的关爱

针对小奎各科学习成绩普遍偏低且性格孤僻的现状，作为班主任的我，及时与各科任老师进行了沟通，希望老师们在日常教学中给予这个孩子更多的人文关怀和耐心辅导。如，课堂上优先鼓励他回答问题，即使回答不了也不予批评，而要挖掘其亮点进行肯定，逐渐树立他的自信心。同时，我也安排了班上最好的学生与他同桌，发挥榜样的示范作用。那是一节平常的历史课，一位身怀六甲的老师正在认真地进行授课。这时，调皮的小奎突然冲了过来，不慎将老师推倒在地。这突如其来的变故让全班同学都震惊不已，大家都担心老师和胎儿的安全。幸运的是，老师并没有受伤，胎儿也安然无恙。当大家都在谴责小奎时，老师却展现出了宽容的姿态。看着他，老师微笑着说："我知道你不是故意的，这次我不怪你。但是，你要知道你的行为可能会给别人带来伤害，以后一定要注意。"听了老师的这番话，小奎羞愧地低下了头。从那以后，他开始努力学习，逐渐学会了尊重老师和同学，也变得更加懂事了。

3. 给予他应有的认可

经过多次细致的观察，我发现小奎劳动特别积极，而且极具责任心。我安排他擦窗户，他会用抹布反复将玻璃擦拭，直至一尘不染，甚至会用指甲将窗户缝隙里的小石子一一剔除。当我询问他为什么会做得如此细致时，他自豪地告诉我，自己周末经常在家帮妈妈下地干活，重活累活也不在话下，更别提擦窗户、扫地这些小事了。听到这些我感到十分惊讶，于是我问他是否愿意担任班上的劳动委员，他欣然应允。一开始，班上有些孩子心中有所抵触，通过我耐心的思想教育，在全班宣传他爱劳动、有责任心的优点，并鼓励他继续努力，他作出一些成绩后，其他同学也就慢慢认可他了。

三、育人成效

曾有一次，学校邀请了一位著名的讲师做感恩主题演讲，小奎竟听得热泪盈眶，突然领悟到生活中父母的含辛茹苦，学校里老师教育的深远意义，以及同学们对他的包容和善意。活动中有一个环节是拥抱你的老师，并对他说出你最想说的话。而小奎，竟第一个冲上讲台，紧紧拥抱了我，这突如其来的举动吓了我一大跳，然后他拿着话筒说："老师，谢谢你一个学期以来对我的付出，我并非一块石头，我一定努力改正自己的不足。也请同学们给我作证！"那一刻，我突然备受感动，台下也一片哗然，接着热烈的掌声响了起来。果真，自那以后，他对周围人和事的态度有了显著的转变，与人相处友好，以管理班级为己任，整个人乐观开朗了许多。他的转变，去除了班级里的一颗"毒瘤"，他参与班级管理后，也极少有生事捣乱的学生，这个班级的凝聚力和学习氛围也越加浓厚。三年后，小奎也顺利毕业，考上了一所普通高中。

四、案例反思

通过小奎的事例，我意识到，作为一个班主任要做好以下几点：（1）持续保持对孩子的热爱和关注，让孩子感受到老师的爱心。教育中单纯的说教，作用微乎其微，但是老师对孩子持续的耐心和付出，却能慢慢感化他们的心灵。（2）营造良好的班级氛围，充分发挥集体的作用，让孩子在其中找到存在感和归属感。好的舆论环境，积极健康的集体活动，充满善意的相处团体，让最缺乏安全感的人也会备感温暖。（3）发现孩子的闪光点，充分利用孩子的优点，增强他们的自信心。每个孩子都难免存在缺点，但也会有诸多优点。当我们用美的眼光去平等地看待每一位孩子时，他们都会熠熠发光。

教育事业任重而道远，转化一位问题学生的过程就像是翻越一座大山，需要足够的耐心和毅力；而教育好了一位学生又会让你感到无比的醑畅与自豪。作为班主任除了要教好书，还要不断学习，不断更新教育理念，多用真诚的爱心、博大的宽容心和充足的耐心去温暖每一位学生，助力他们健康成长，快乐学习。

案例叙述人 --▶

张晓利，中小学一级教师，任教初中英语。曾多次荣获"优秀教学能手""先进工作者""优秀班主任"等称号，2022年所撰写的论文获市三等奖。

用心育人，润泽成长

班主任作为班级管理工作的核心力量，在学生的成长过程中起着不可或缺的作用。学生的学习、生活、同伴关系以及和学生有关的一切大小事务都需要班主任的悉心关注。知识的传授固然重要，但班主任的育人使命同样不可忽视，我们需要引导学生树立正确的价值观，帮助他们培养良好的品格和行为习惯。都说每个班主任都有一本难念的经，每个班都有自己的特色，我们班也不例外。

一、案例简述

本班有一名小成同学，这是一个让我比较头疼的男孩子，这名学生刚入学时非常调皮，缺乏与他人友好相处的技巧，总是喜欢欺负其他同学，无缘无故打别人或是抢人家的东西，我经常收到小朋友和家长们的投诉。课堂上他也是不能够认真听讲，一分钟都坐不住，不是做小动作就是讲话，上课不配合老师，注意力很难集中。站队的时候，他也总是东张西望，在队伍里面打打闹闹，还影响周围的同学。

二、案例分析及育人策略

产生这些行为的原因有这几方面。首先，这名同学自身非常调皮好动，由于年纪偏小，规则意识还未完全形成，故而不懂得在集体活动中应该怎样遵守纪律，也不懂得怎样与人相处。其次，通过向家长了解得知，孩子之前是由爷爷奶奶抚养，而爷爷奶奶对孩子比较溺爱，不太注重对孩子行为习惯的培养，缺乏对孩子行为的督促和指导，以至于孩子养成了这些不良的行为模式。针对他的情况，我采取了以下几个措施：

1. 帮助他树立规则意识，学会正确与人交往

从这位同学平日的言行中不难发现，他极其缺乏与人交往的经验，在他的思维中，他认为和小朋友追追打打，互相拉扯，就是一种交往。针对这种情况，我先是进行劝导教育，在办公室或者课间在教室跟他沟通交流，了解他内心的真实想法，为什么总是会动手打别人？耐心地向他阐述道理，教他何种交往方式才是对的、可取的，让他学会如何与同学友好相处。其次，我会开班会，利用班会时间，让大家针对出现的情况发表自己的意见，然后在班上选几名表达能力强又通情达理的小朋友，作为代表发言，借他们的口来讲道理，明确什么是对的，什么是不对的，哪些事情可以做，哪些事情不可以做。我发现，让学生自己讲道理，有时候比老师直接讲述的效果还要好。因为这个时候，也会让表现不好的这位同学觉得其他小朋友都很讲道理，都遵守纪律，好像就自己与众不同，他也不想跟其他同学相比显得不合群，这样一来，不仅能够起到约束这一个学生不良行为的作用，同时也在一定程度上能达到影响班上其他同学的效果。

2. 善于表扬，巧妙批评，以典型作为榜样

对于一年级的孩子来说，表扬的效果是非常好的。最初，看到他种种不好的表现时，我会批评他，却发现效果并不理想，除了当时对他起到打击作用，事后未见他有改变的迹象。后来，我试着去表扬他，抓住一切机会，只要他稍微表现好了一点点，我便会对他加以表扬，对他说："我发现你最近很有进步了！"改作业时，哪怕只看到一个书写得体的字，我也会告诉他："你的字写得越来越好了，进步真的很大！"我尽可能地找机会去表扬他……当发现他做得不好时，我也不直接责备他，而是通过表扬他身边的同学来鼓舞他。比如，课堂上，他坐姿不端正，我会先表扬他周围的同学，称赞他们坐姿端正，学习认真。他听到了之后也会去观察，这时候不用老师多说，他自己会调整坐姿，随后我就趁机开始表扬他。再比如，站队时他喜欢在队伍中打打闹闹，拉着其他同学讲话，他和前面的同学玩得很好，两个人经常交头接耳，我就将两人放在一起对比，经常夸其中一个来激励另外一个，孩子会在跟同学的比较中努力提升自己，争取表现好，来获得老师的表扬和肯定。

3. 家校联手，互相配合

著名教育家苏霍姆林斯基曾说过："教育的效果取决于学校家庭的一致性，如果没有这种一致性，学校的教学、教育就会像纸做的房子一样倒塌下来。"平时，我会时常和这位同学的家长保持联系和沟通，认真观察学生的日常举止，及时有效地向家长反映情况。我会让家长了解孩子习惯培养的重要性，并提醒家长要经常对孩子行为进行督促和引导，争取家长的协同教育。小成的妈妈也比较关心孩子的在校表现，会主动找老师了解情况，询问孩子有哪些方面需要改进。有了家长的助力，老师的教育也会更加顺畅有效。

三、育人成效

就这样，经过多方的共同努力，他逐渐有了一些变化。上课不再那么多动了，在课堂上看到他举起手回答问题的次数多了起来，可以积极参与到学习活动中来。同时，他被告状、惹是生非的情况显著减少，相较于最初，其行为表现取得了显著的进步。

四、反思感悟

在与这个学生一学期的相处中，看到他慢慢改变了一些不良习惯和行为，在不断地进步，我内心倍感欣慰。从他身上，我领悟到用赞赏的视角审视学生的重要性。每一个孩子都有他的闪光点，当老师过多地关注一个孩子缺点时，这无疑会对孩子的成长造成阻碍。只有转换角度，用赞美的眼光去发现孩子的优点，孩子才能在老师的认可中体验成功的喜悦。

教育路漫漫，在往后的教育之路上，我们还会遇到许多需要我们包容和鼓励的孩子，这需要我们具备更多的教育智慧、多一点的耐心，用心去倾听每一个孩子内心深处的声音，去引导、去激励、去唤醒，让每个孩子都能在教育的润泽下茁壮成长！

案例叙述人

付亚，茶陵县芙蓉学校一年级班主任兼数学老师，中小学二级教师。曾获得"阅美推广人"称号，多次被评为学校"先进工作者"，2024 年获得"蓉耀杯"班主任论坛二等奖。